Voitures d'exception

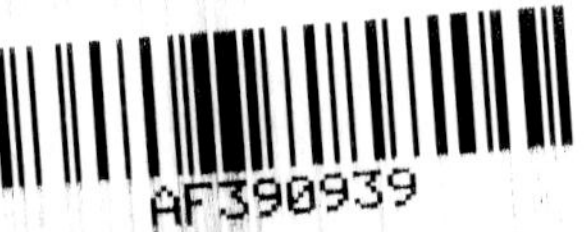

Maria Sharp, Voitures d'exception.

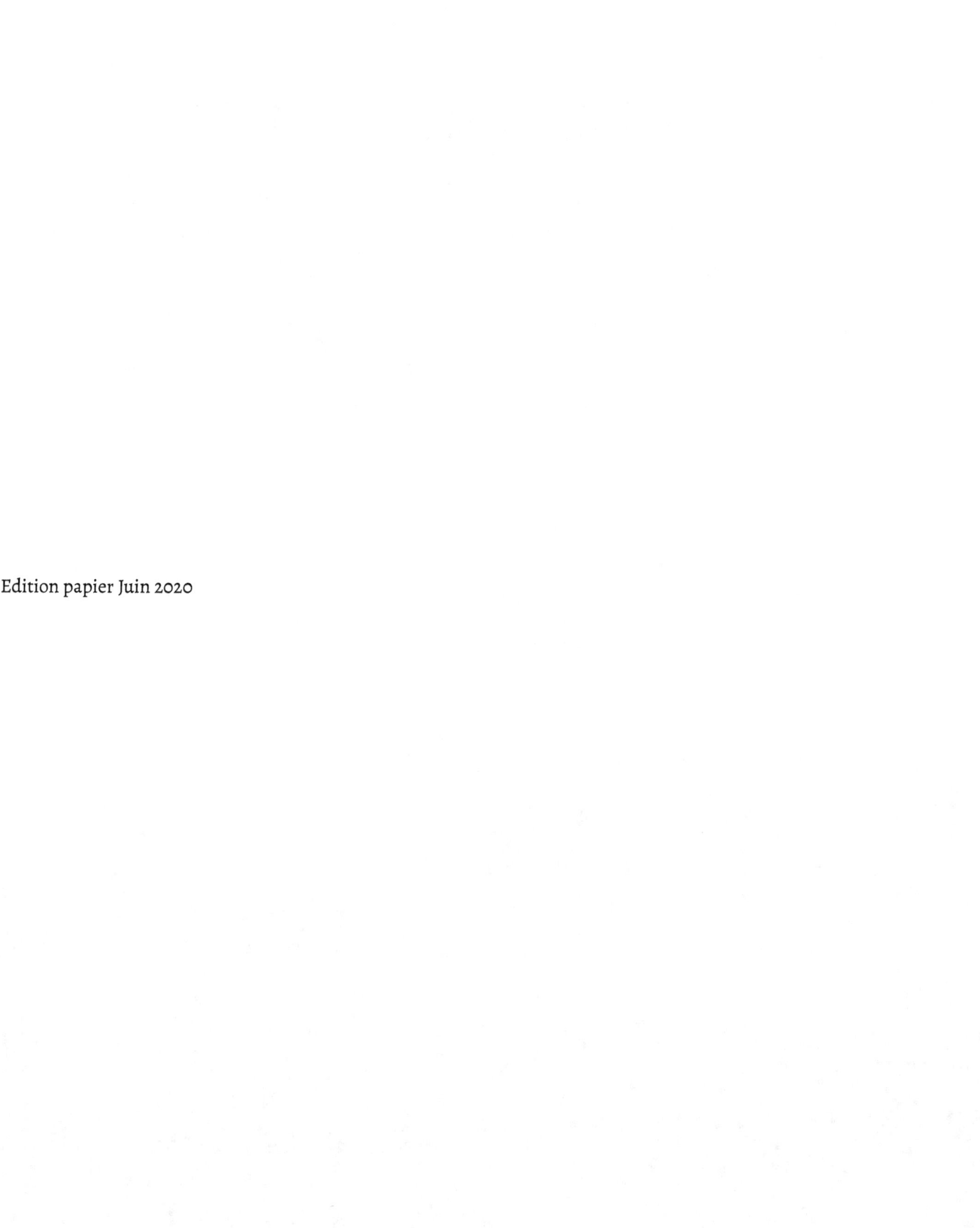

Edition papier Juin 2020

Voitures d'exception

Maria Sharp

Éditions Ducourt

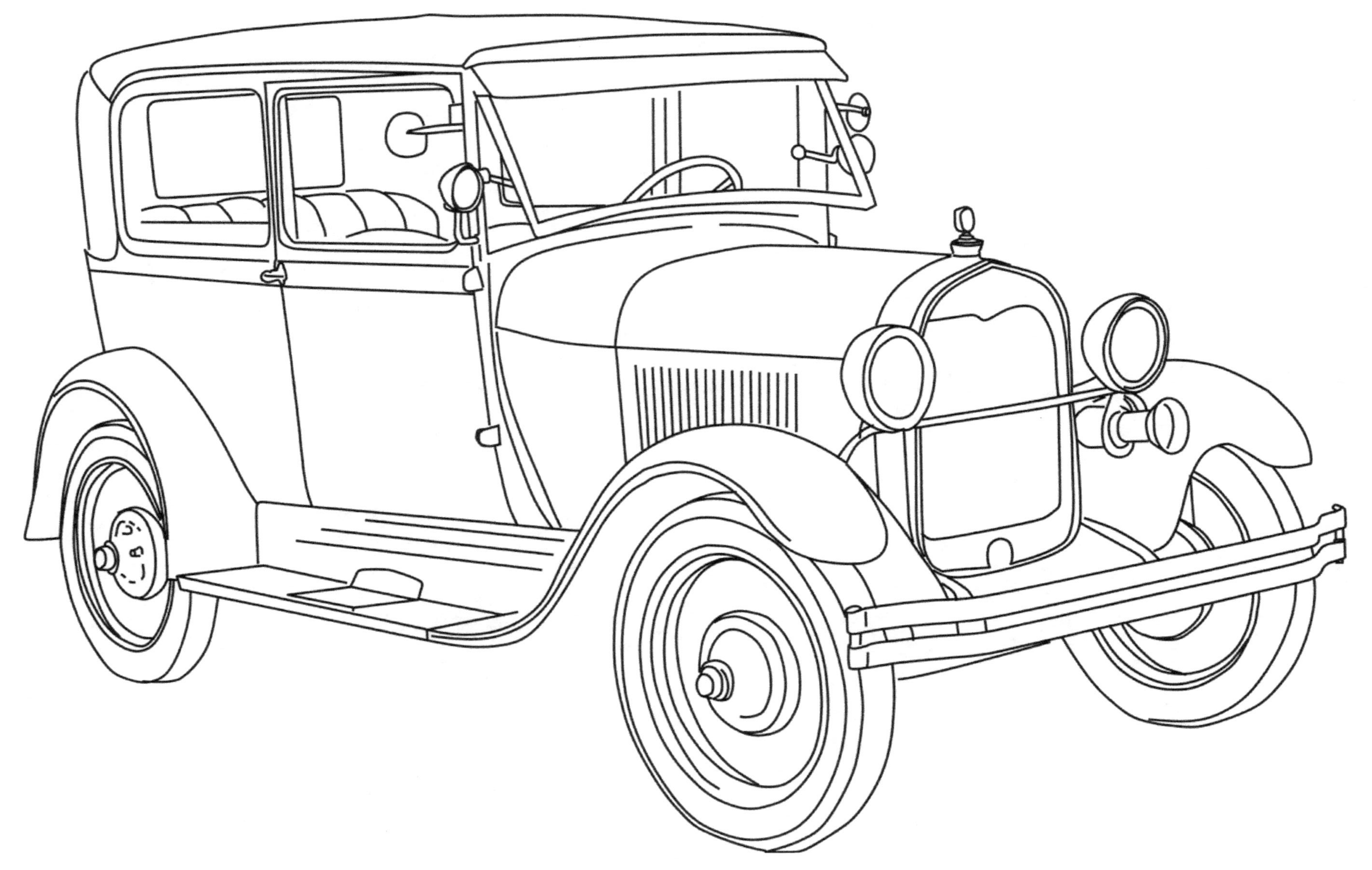

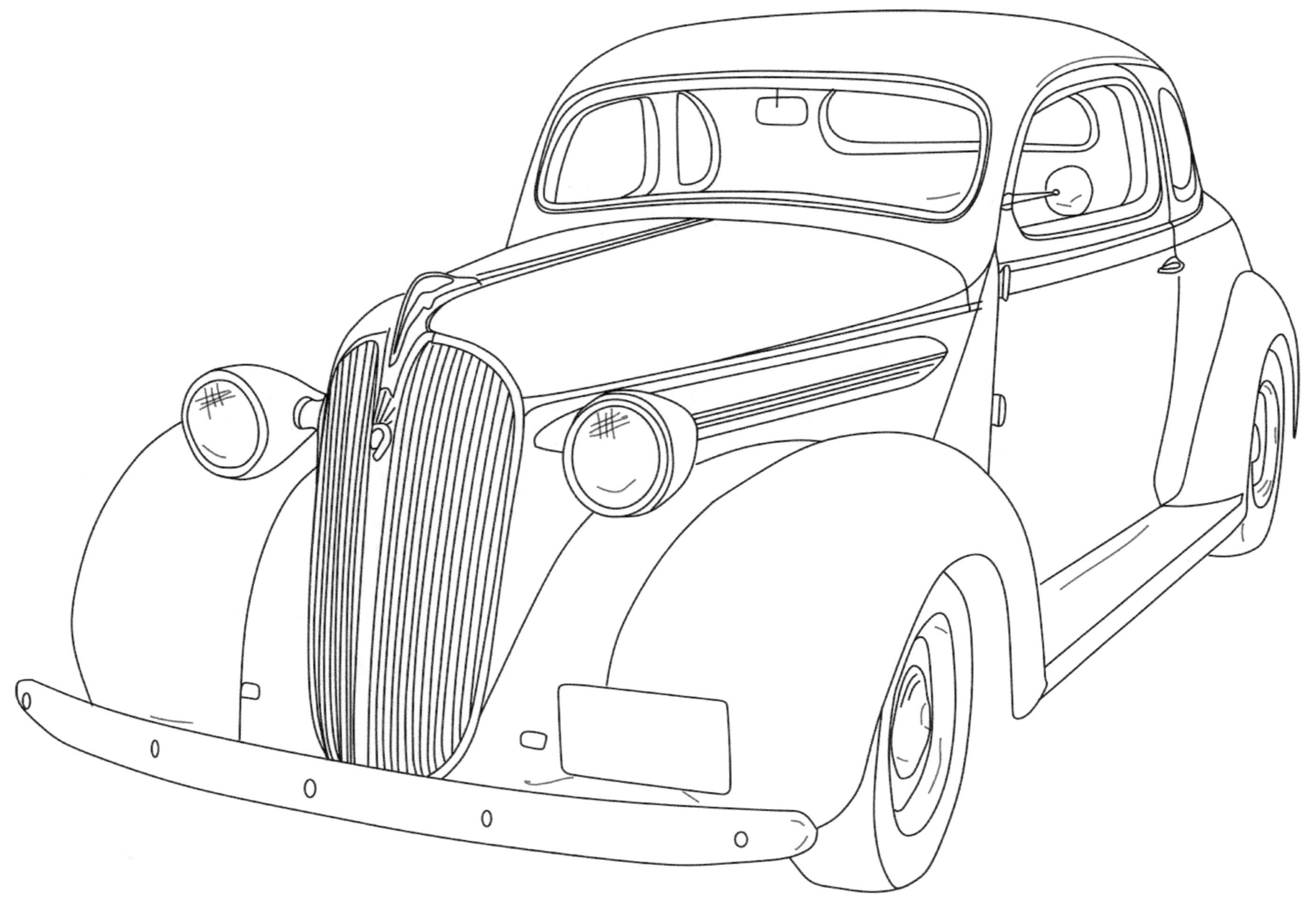

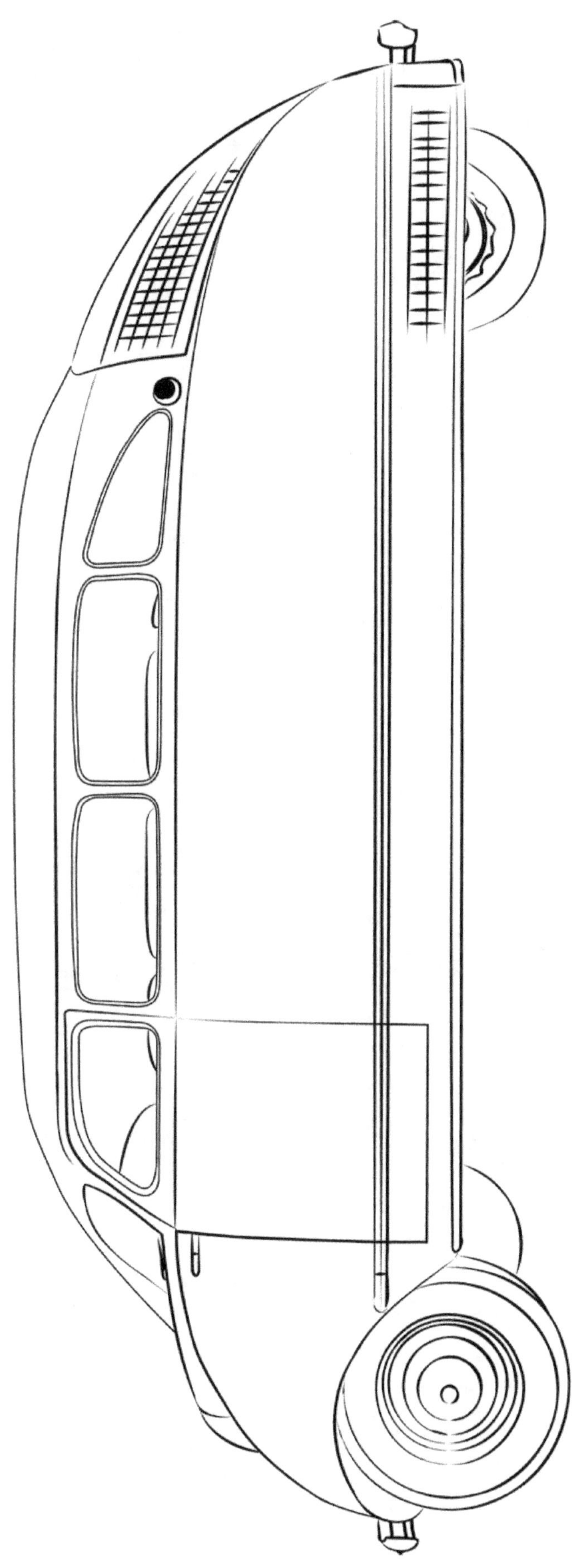

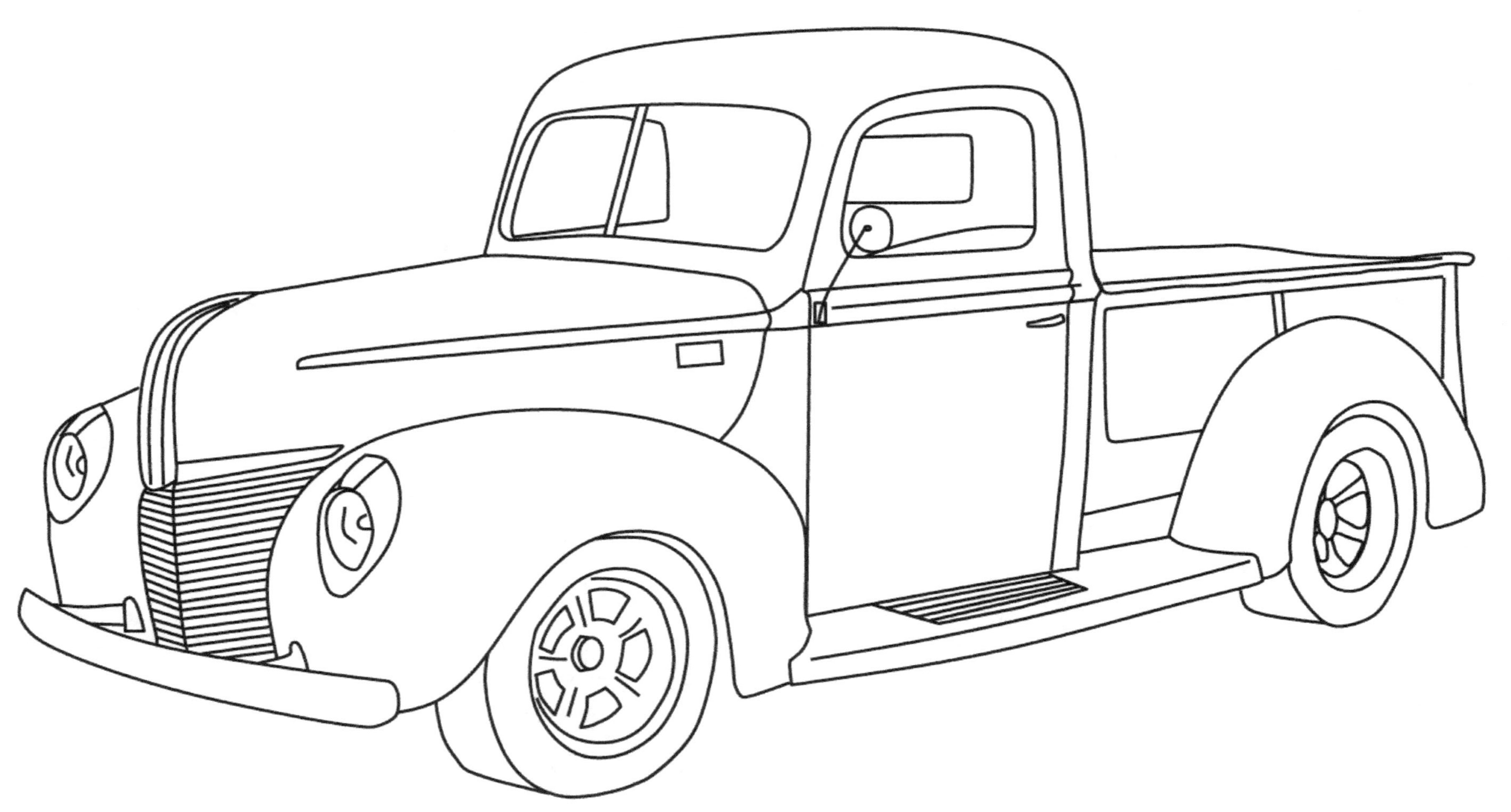

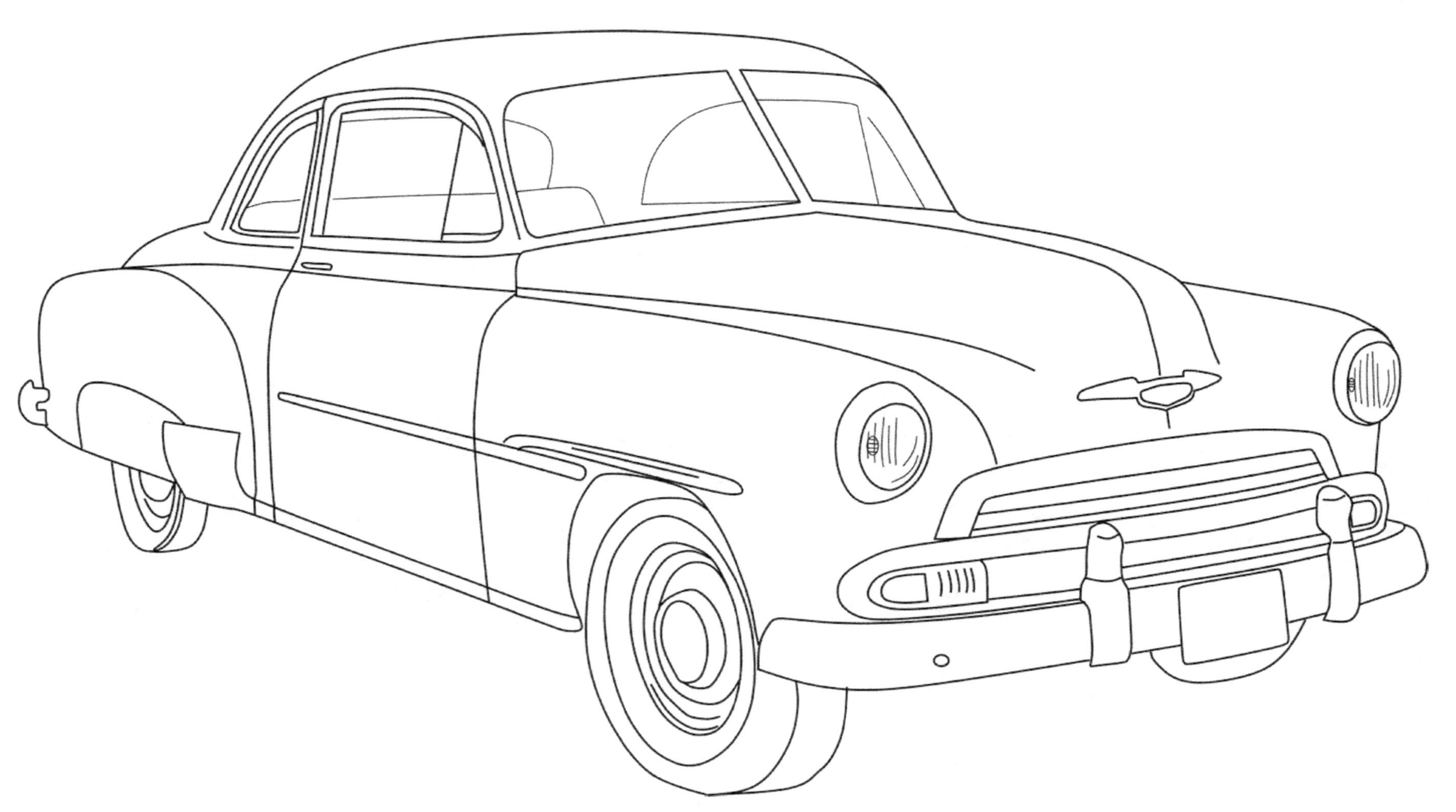

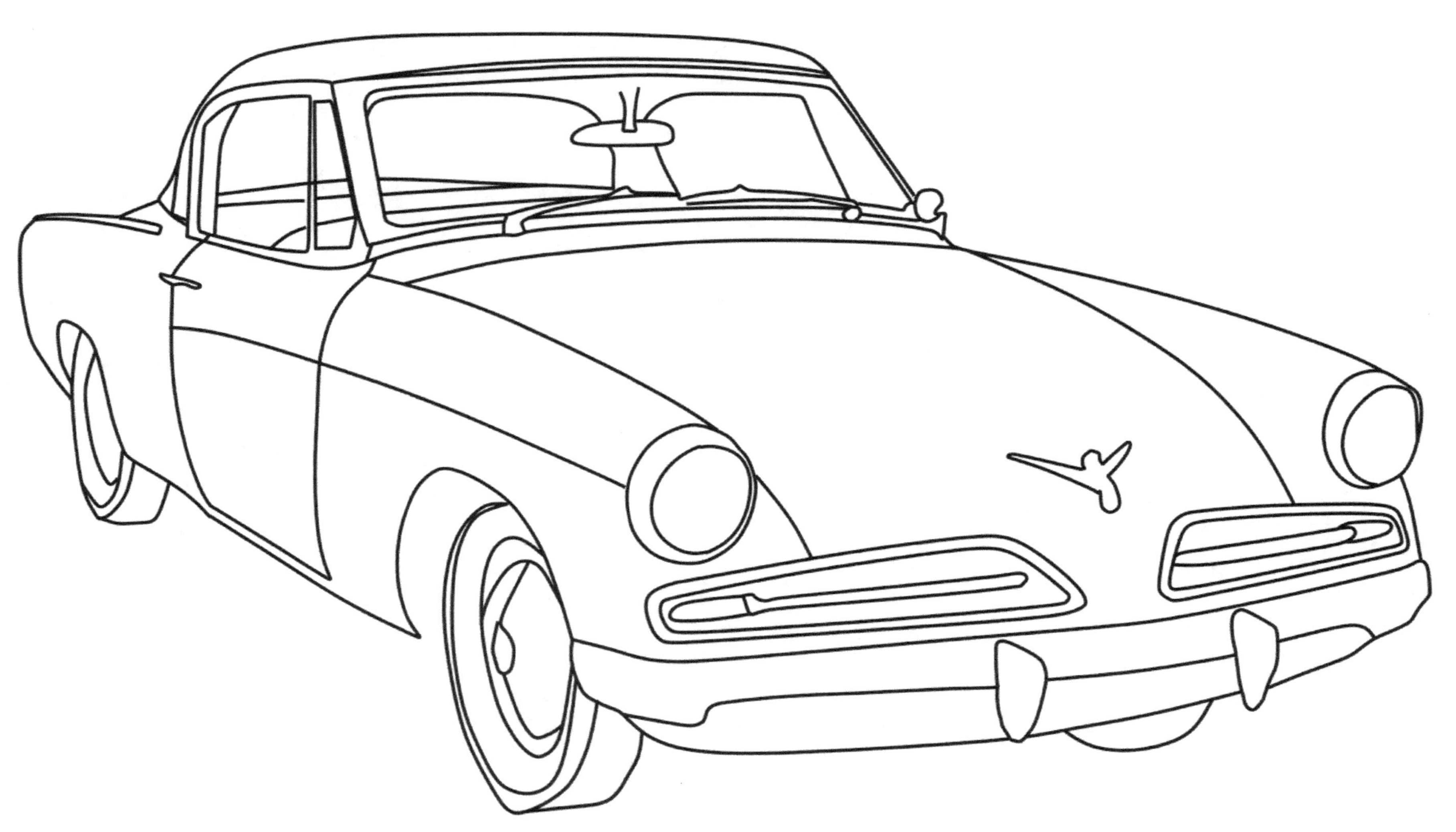

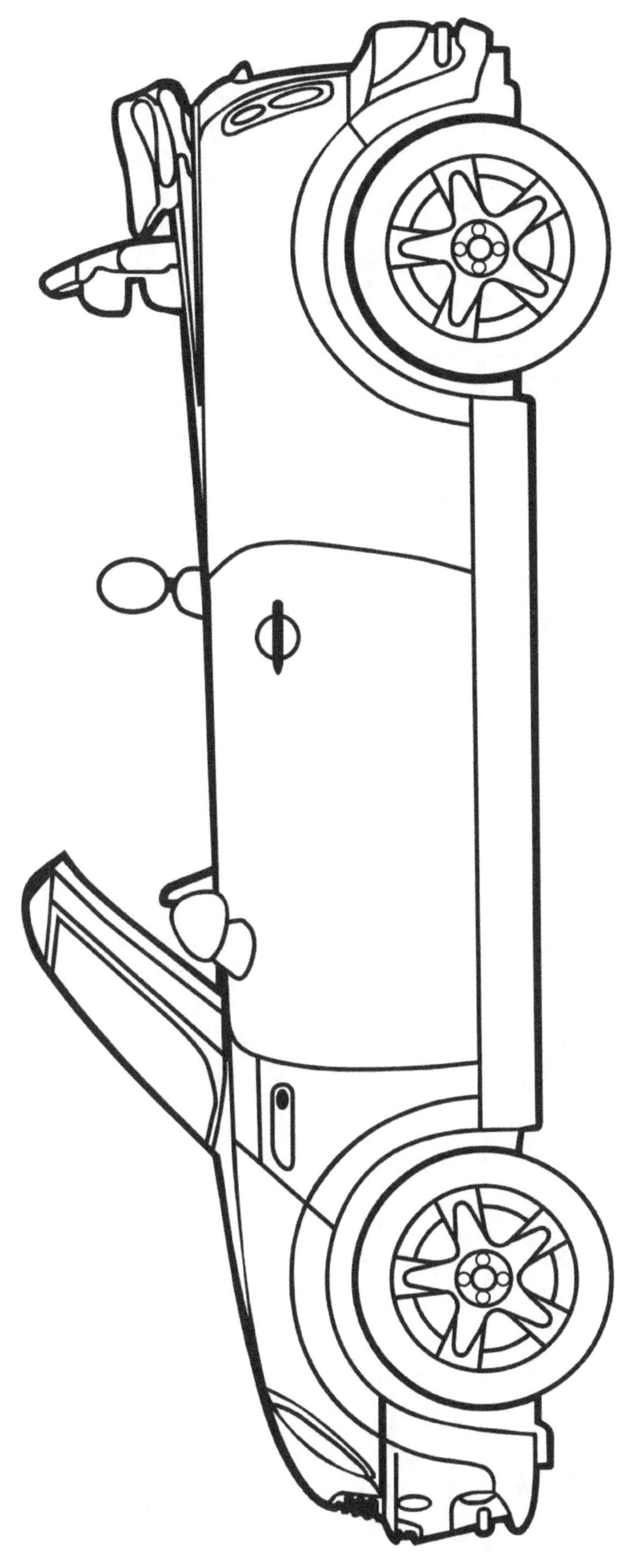

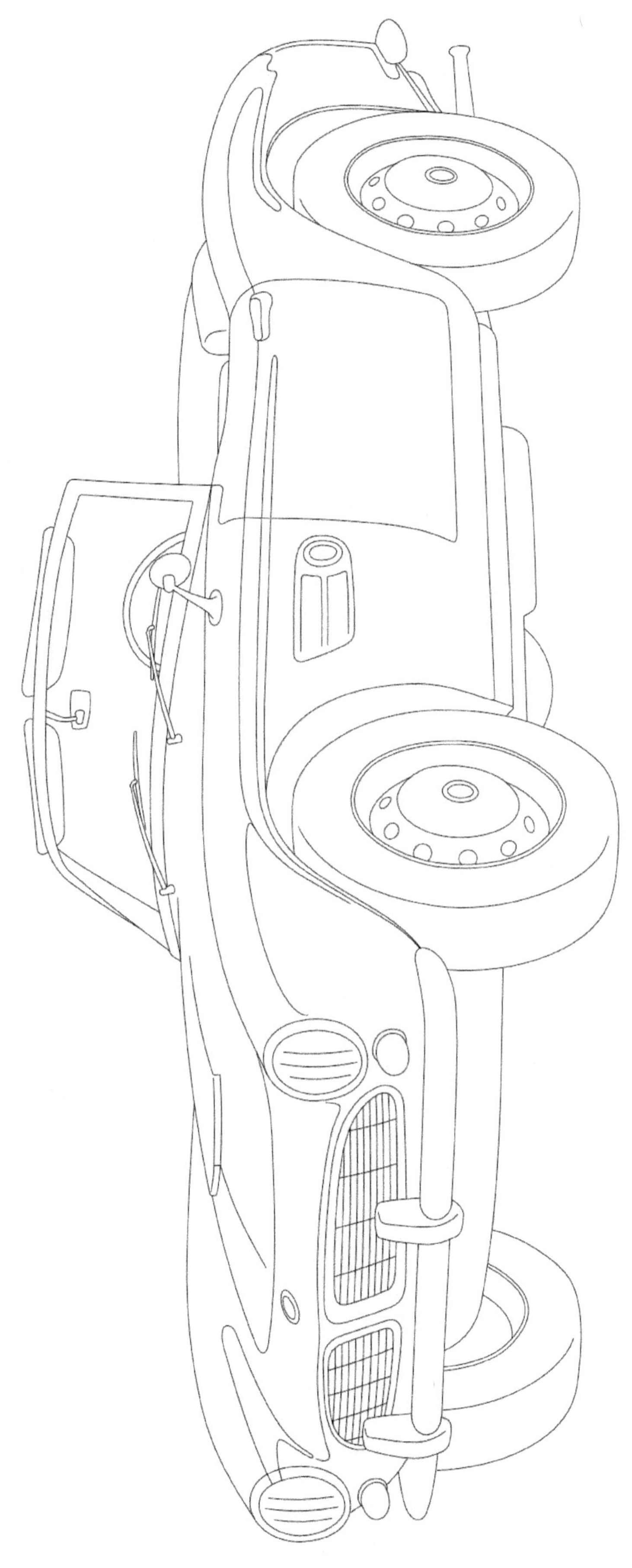

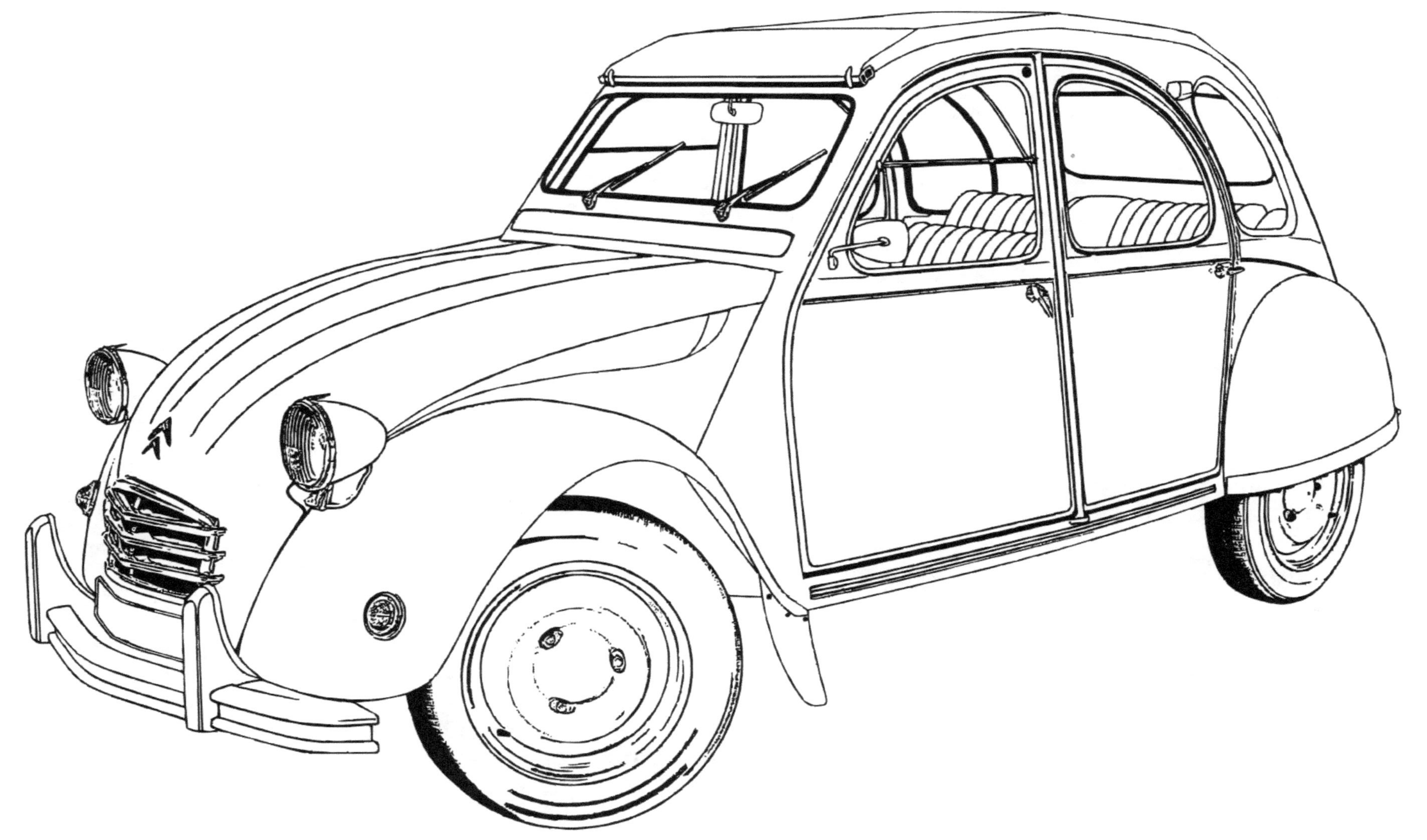

17

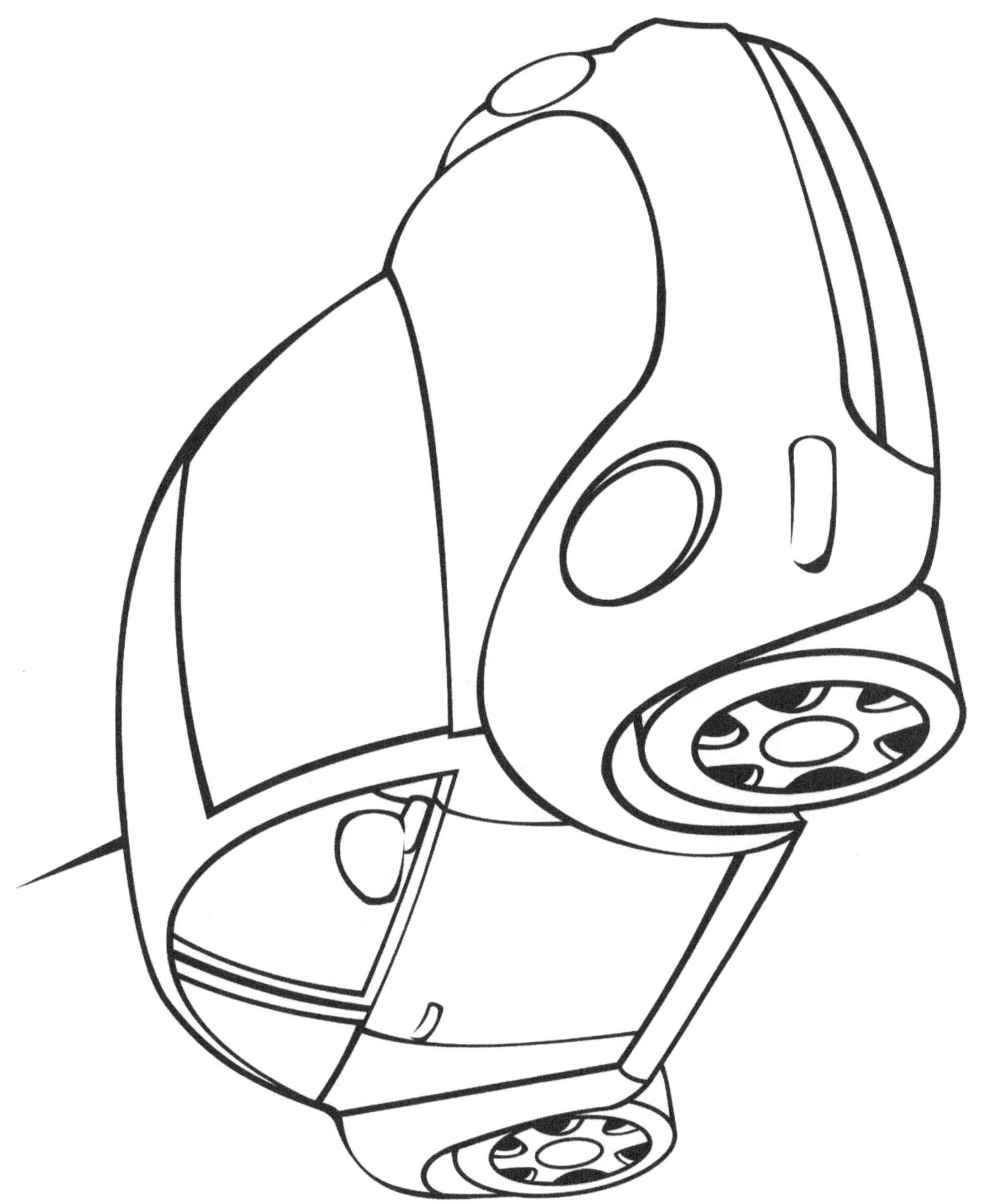

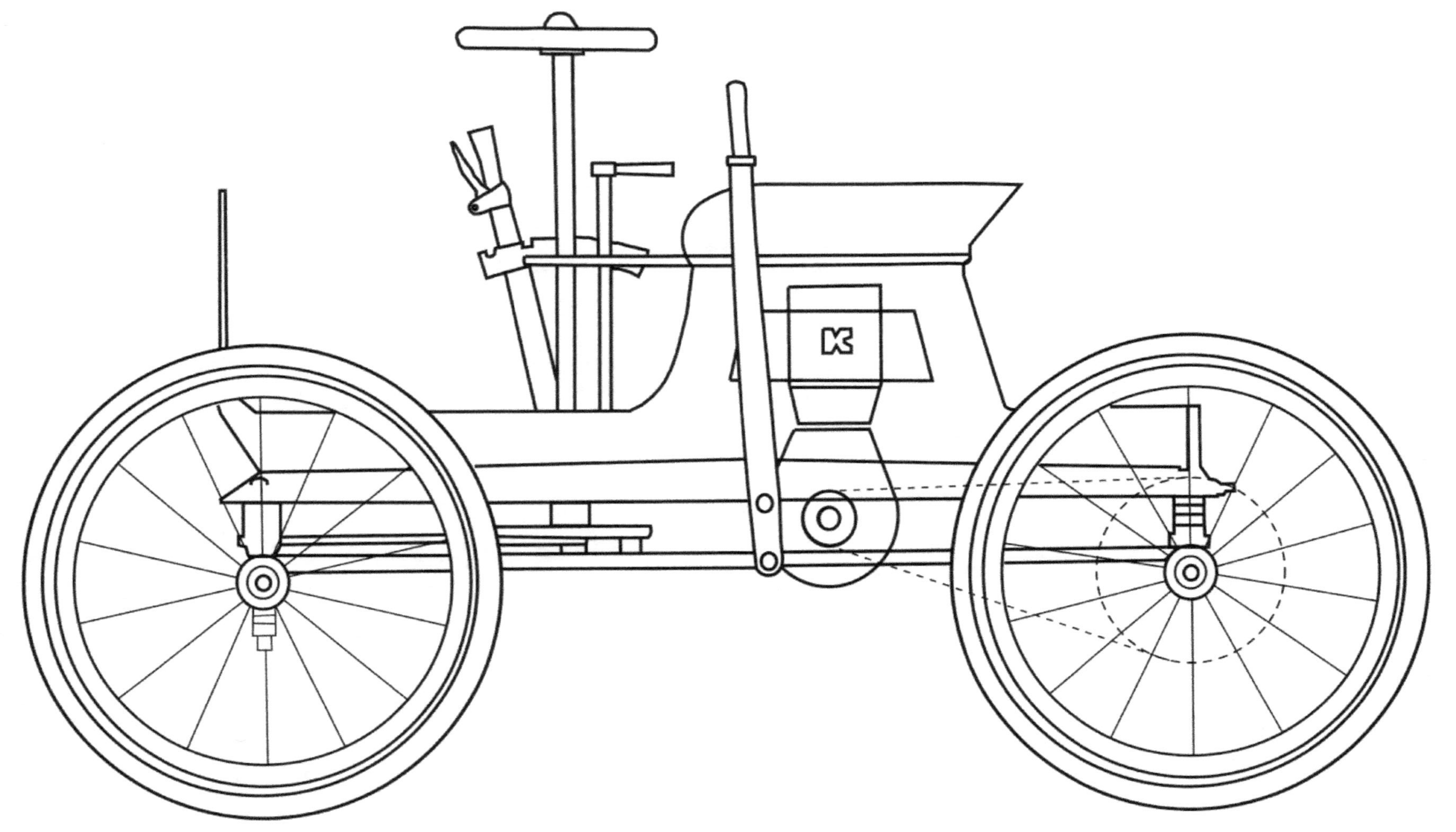

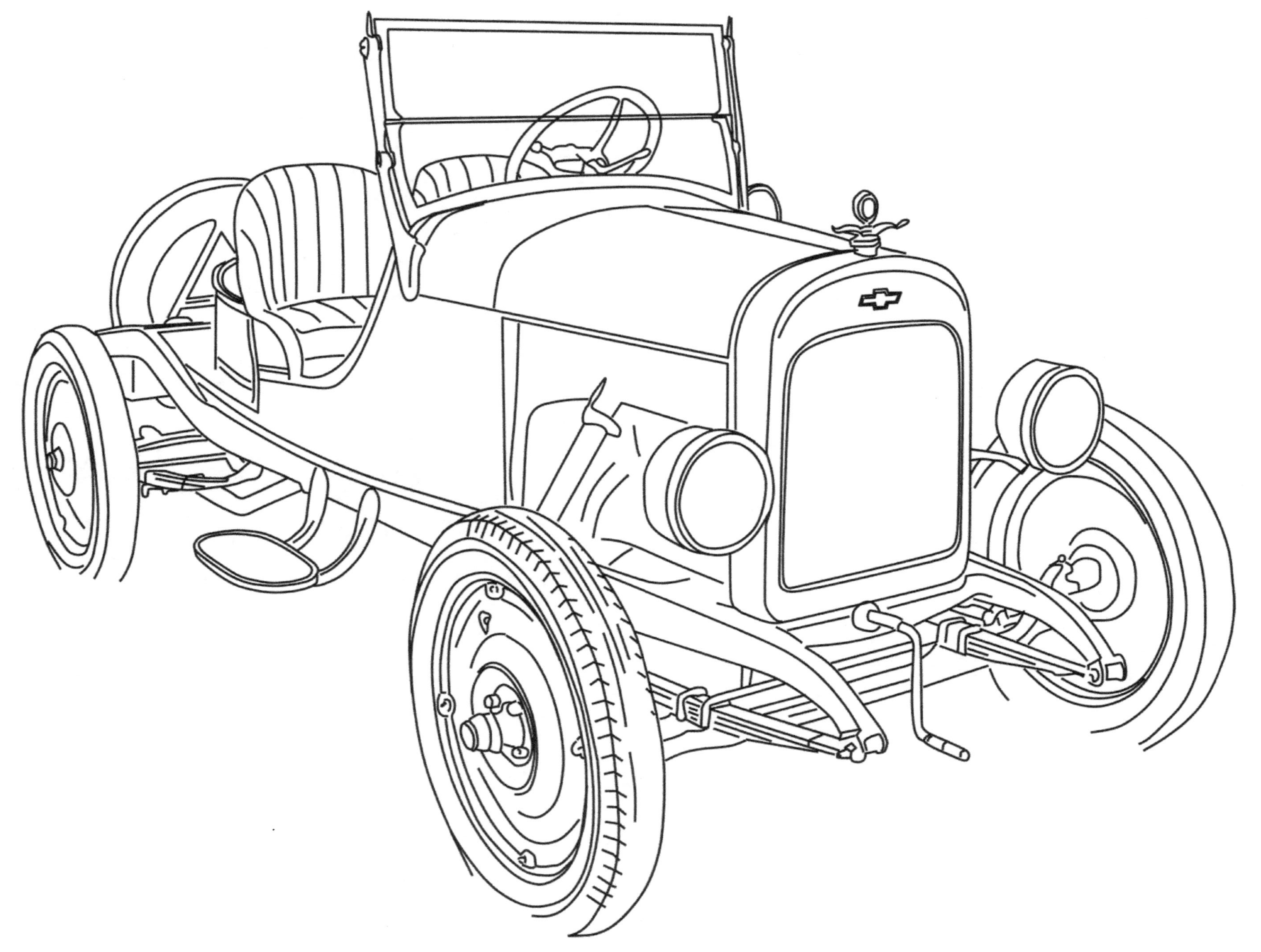

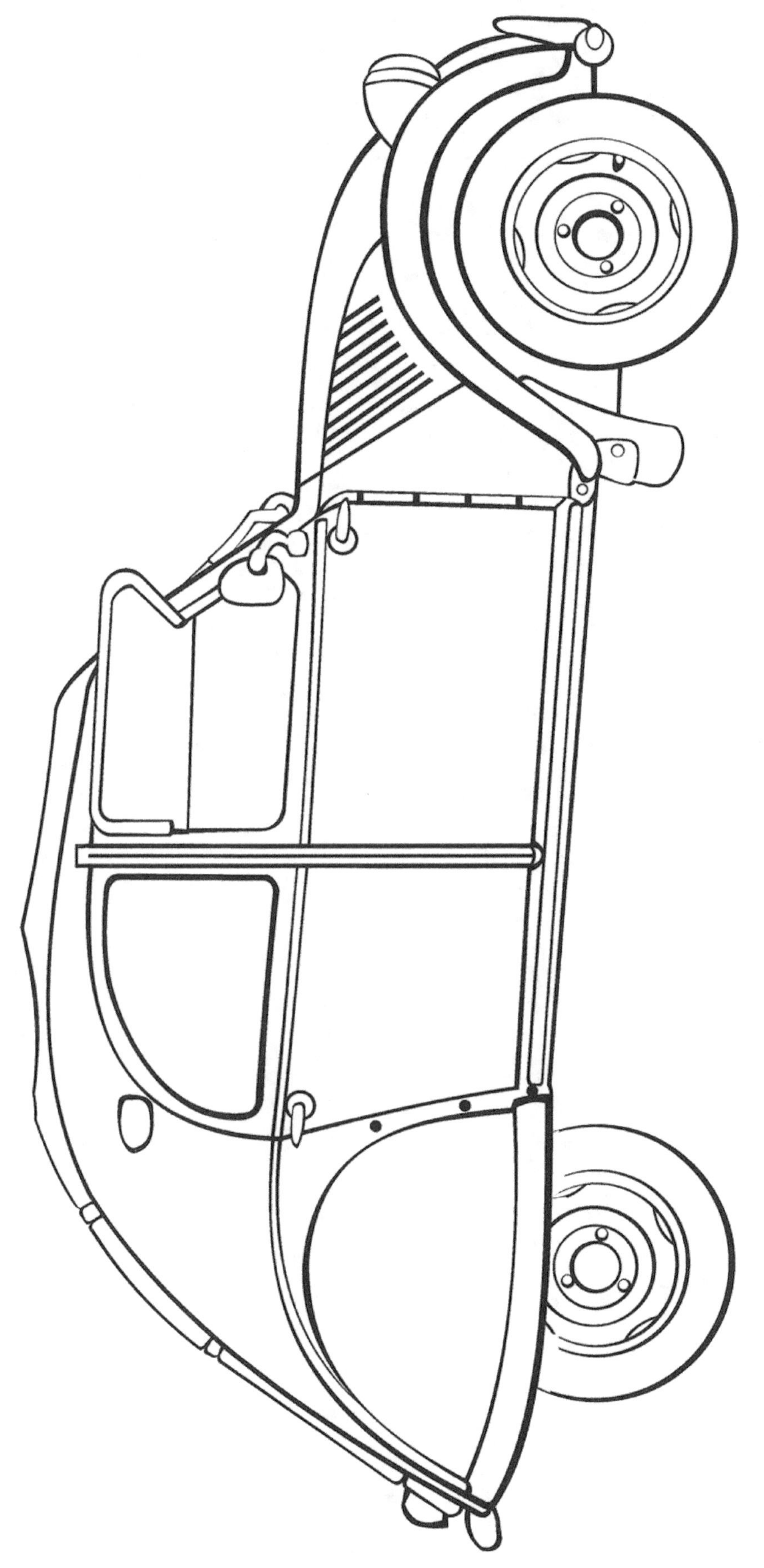

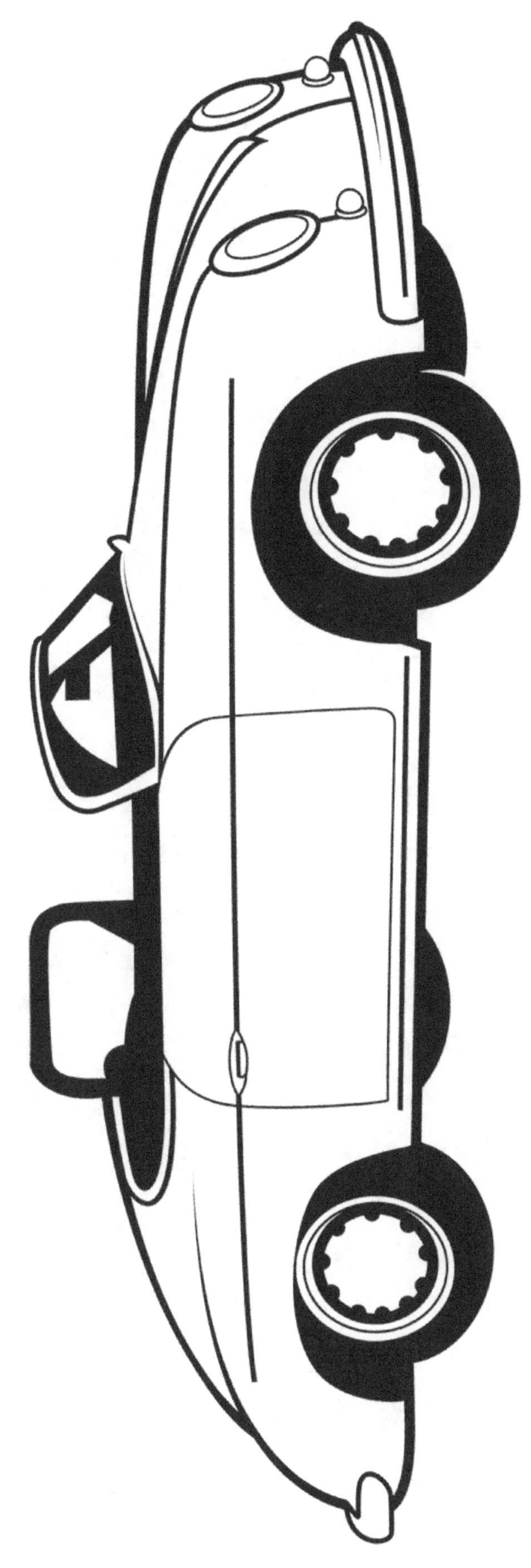

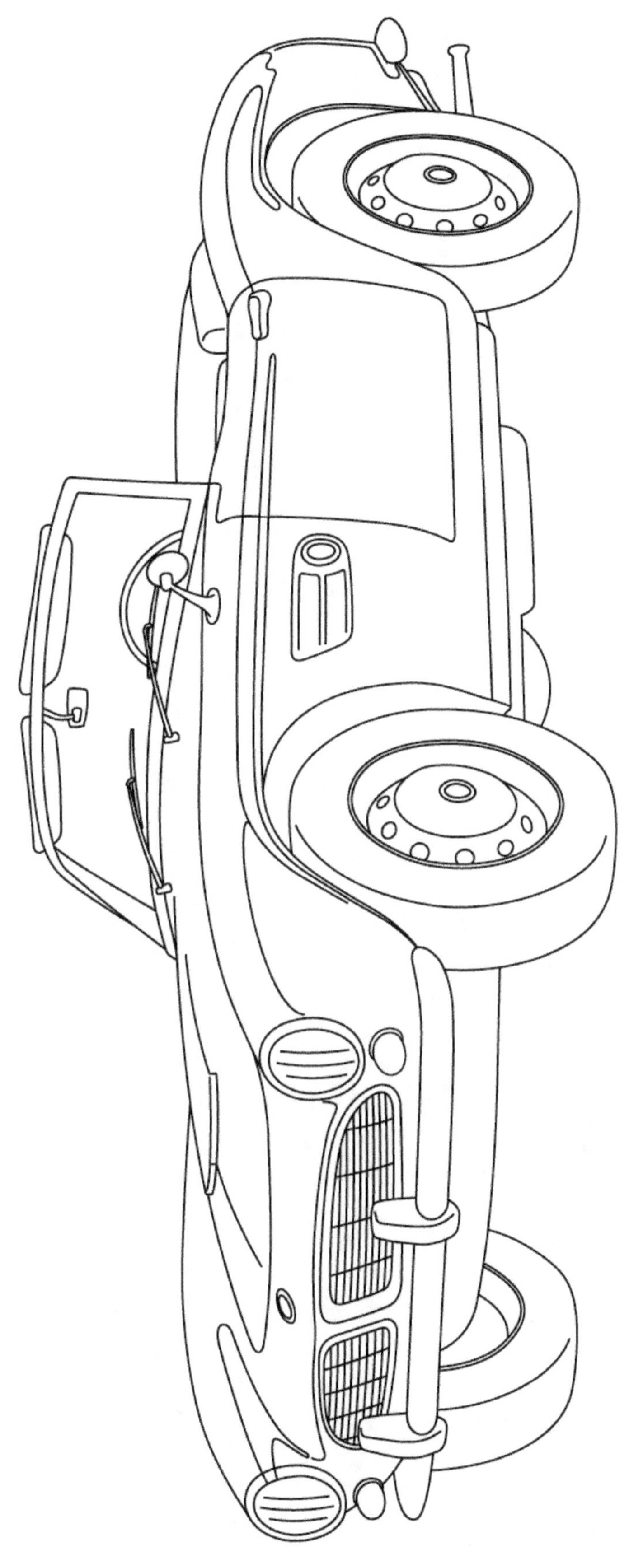

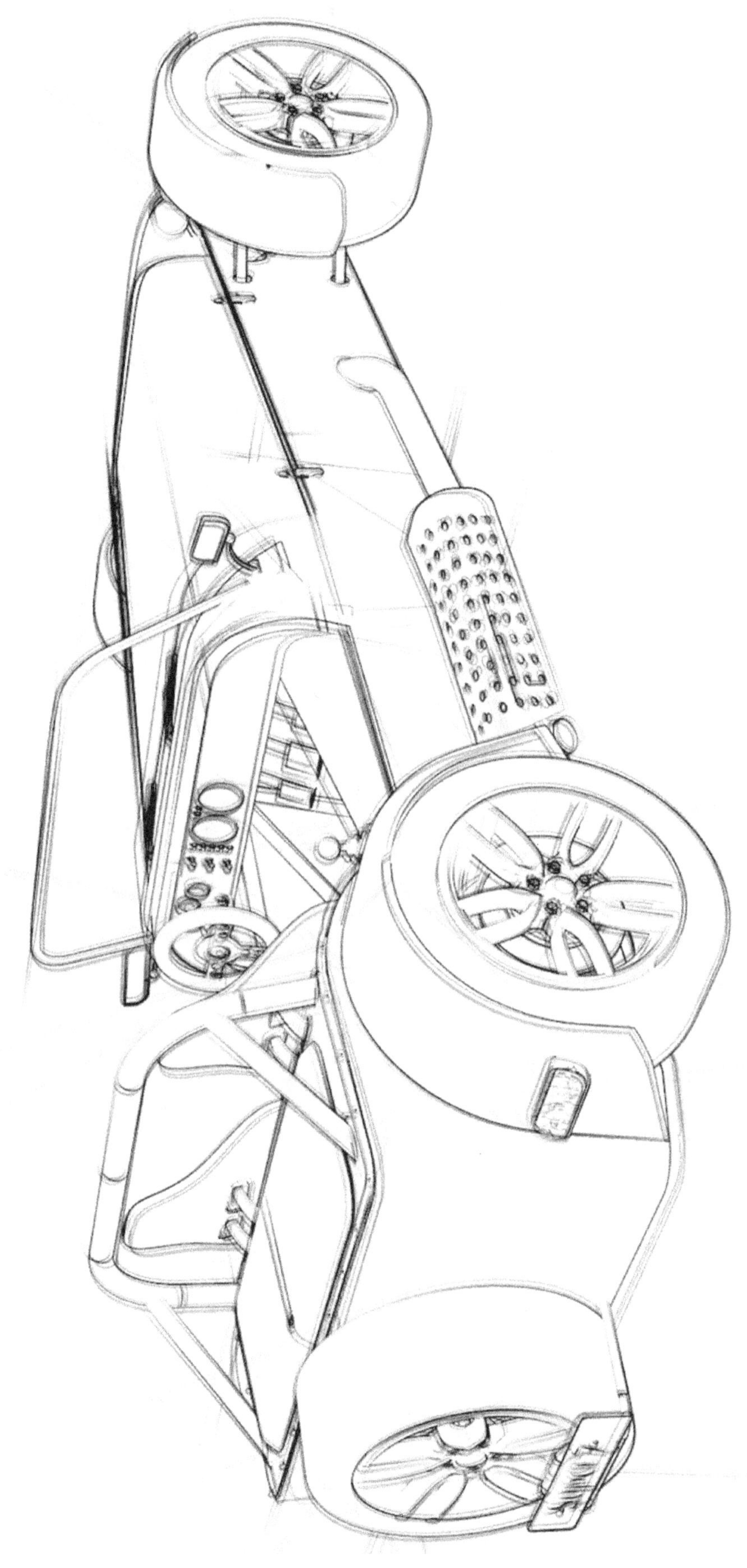

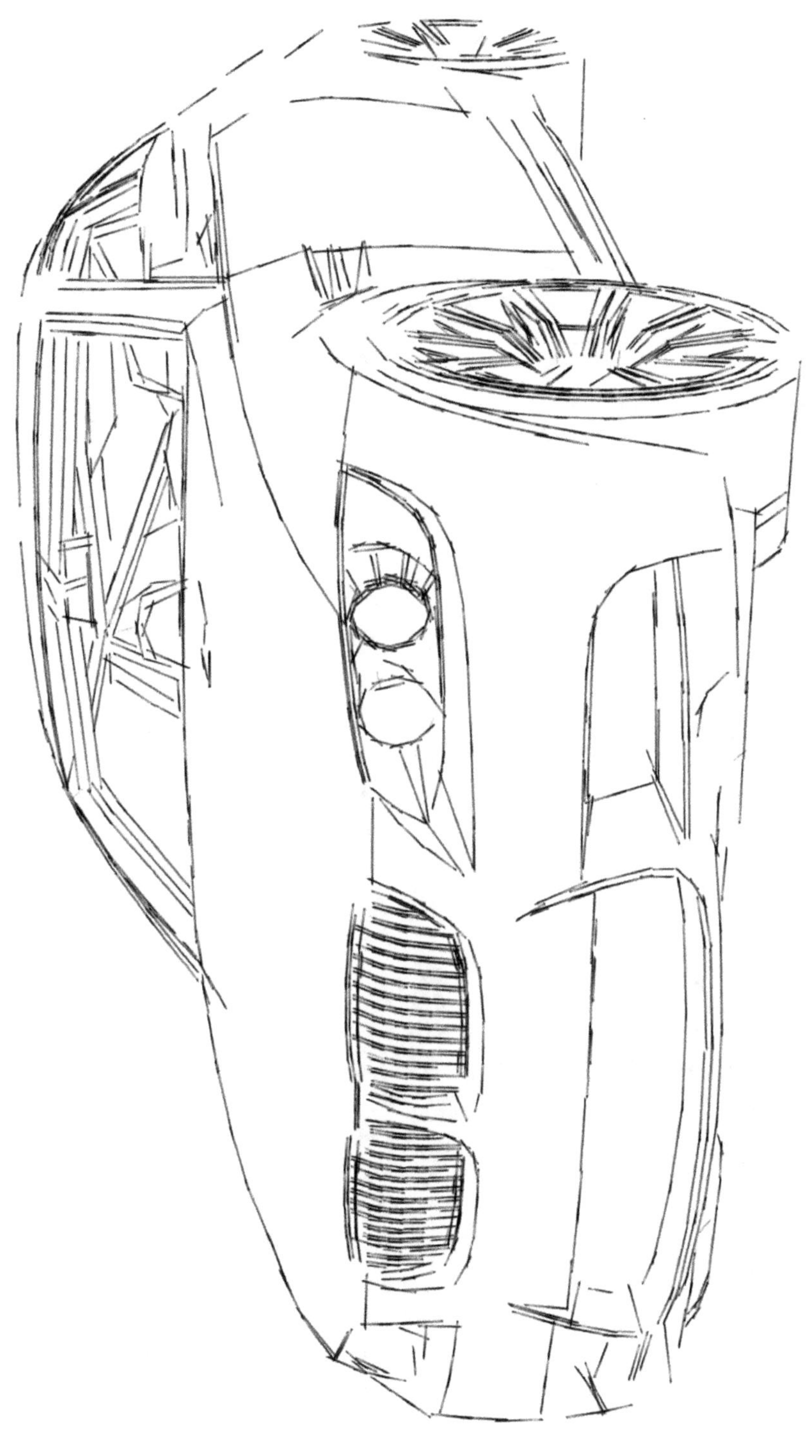

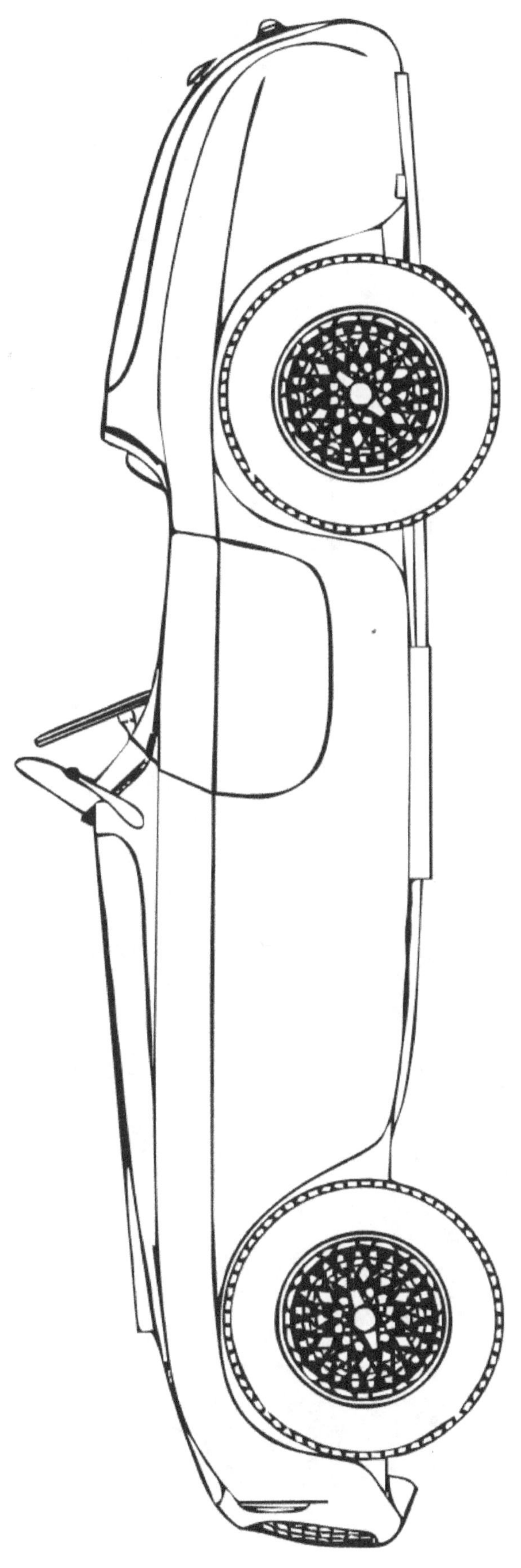

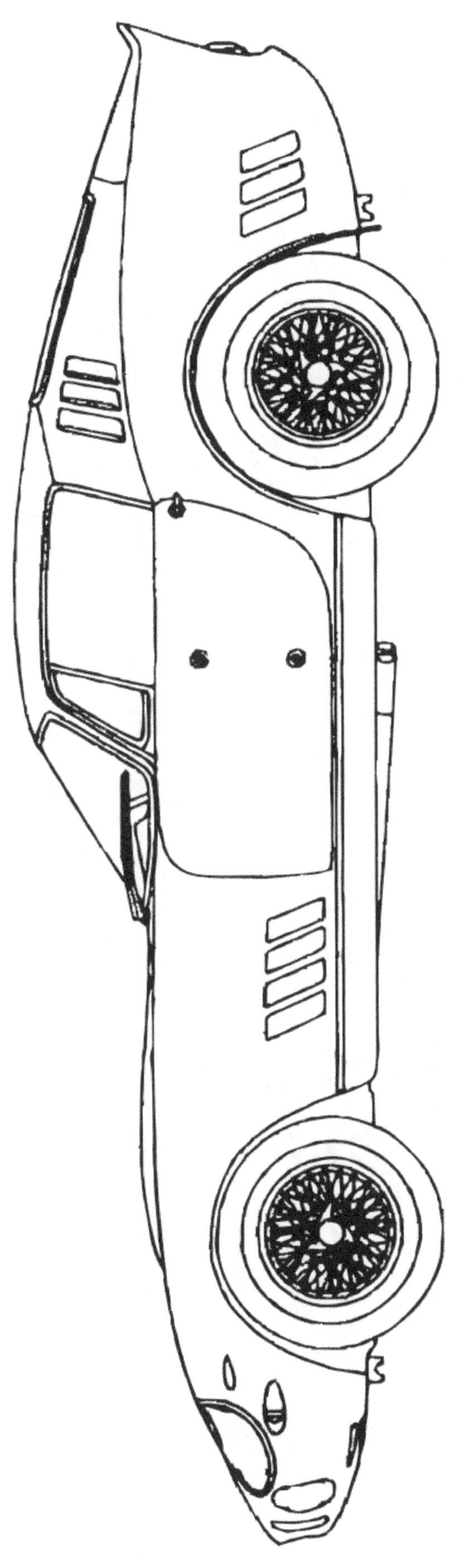

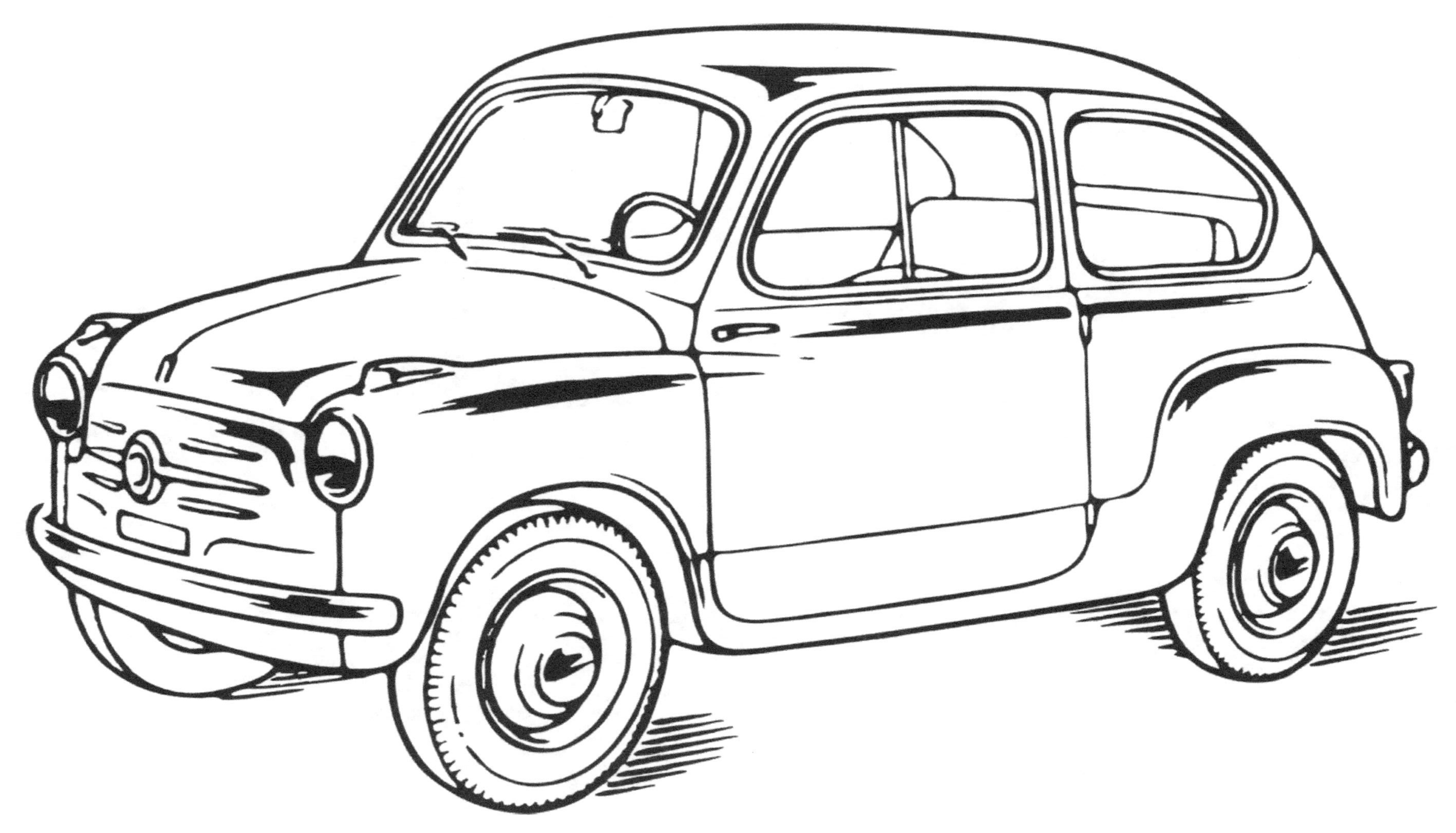

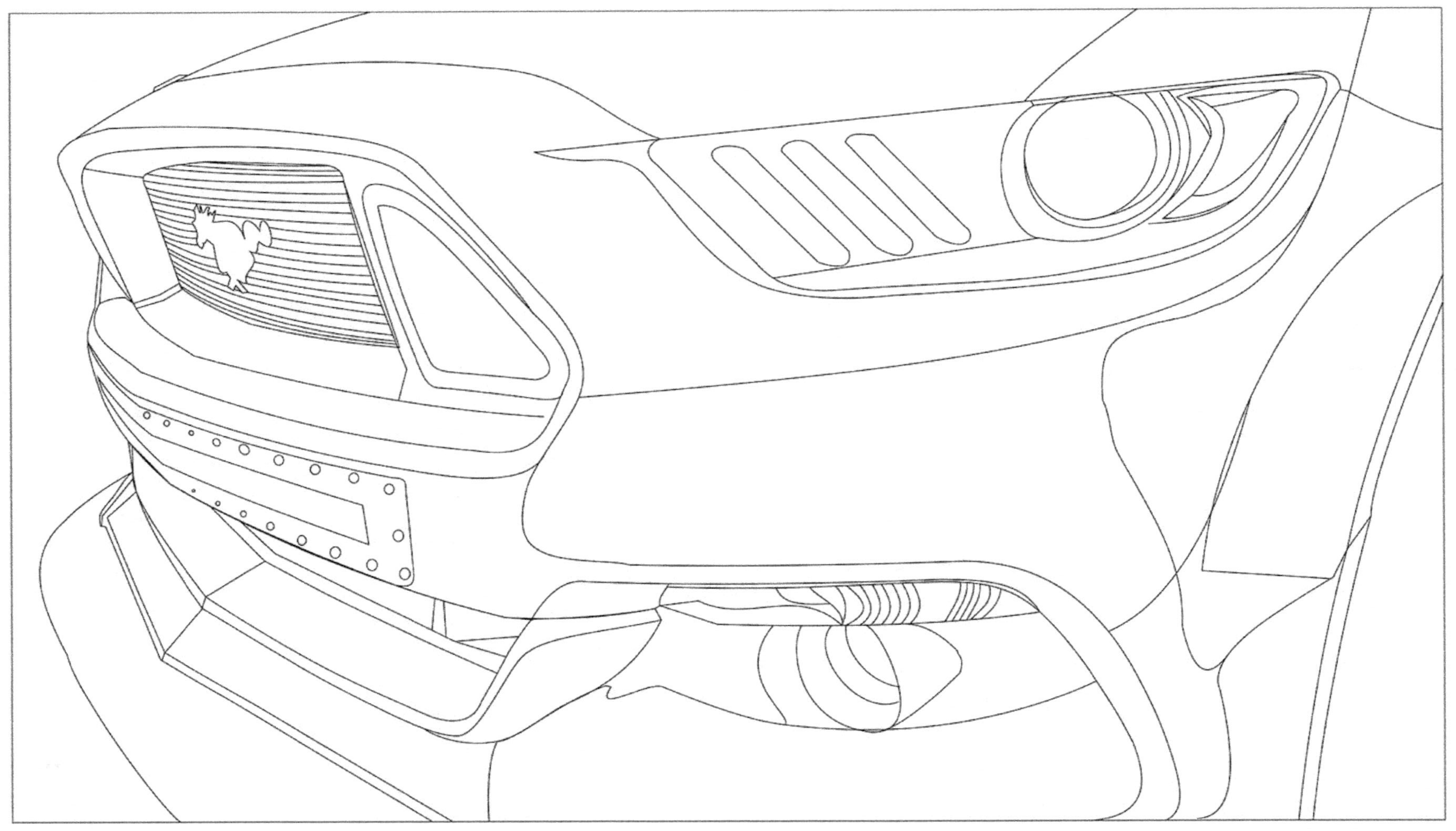

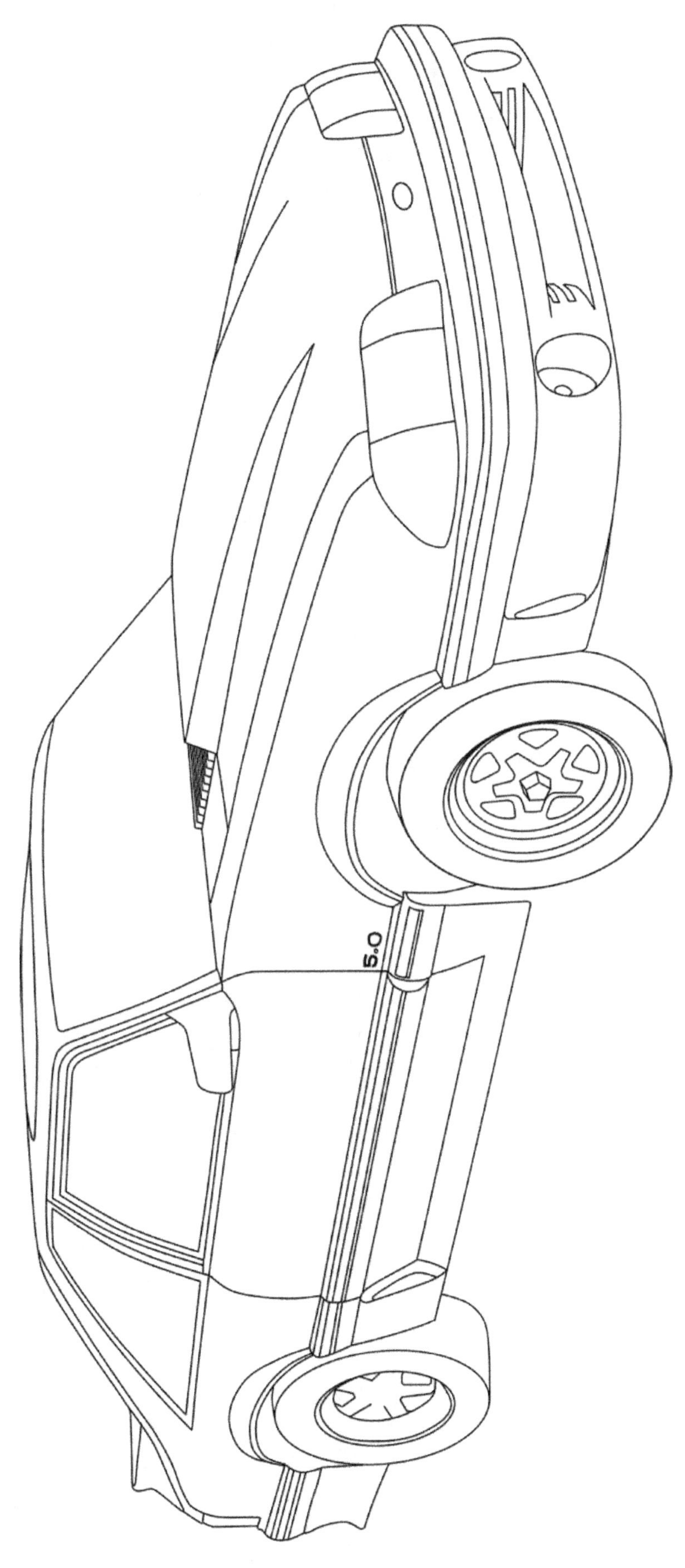

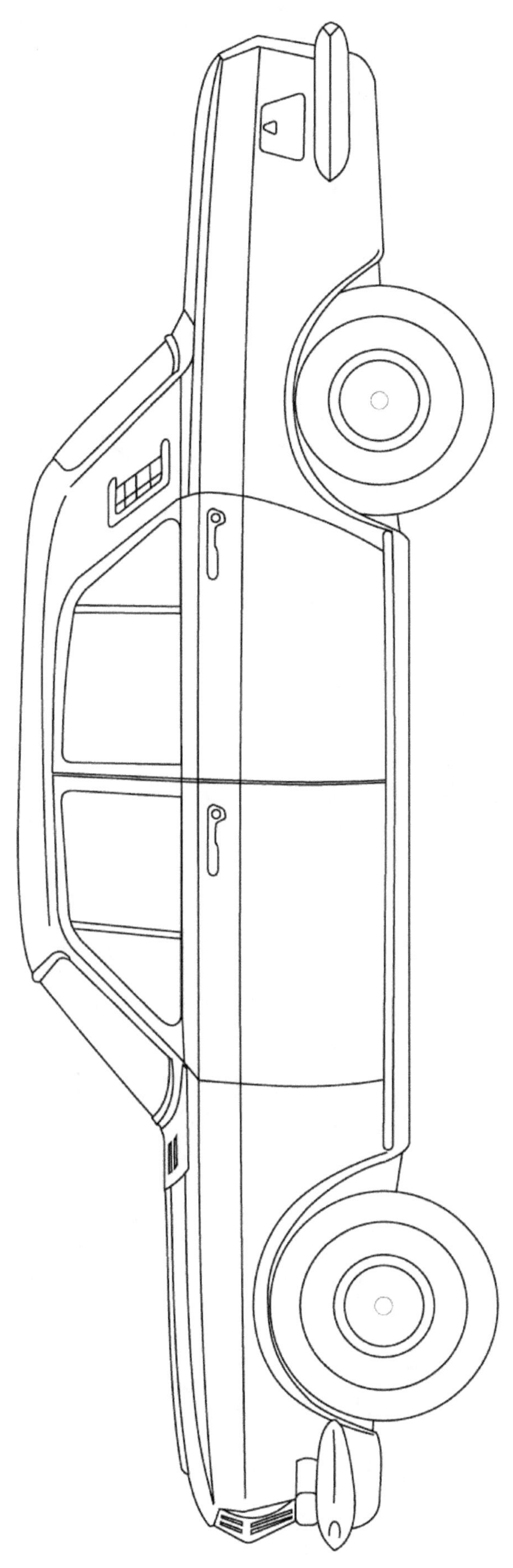

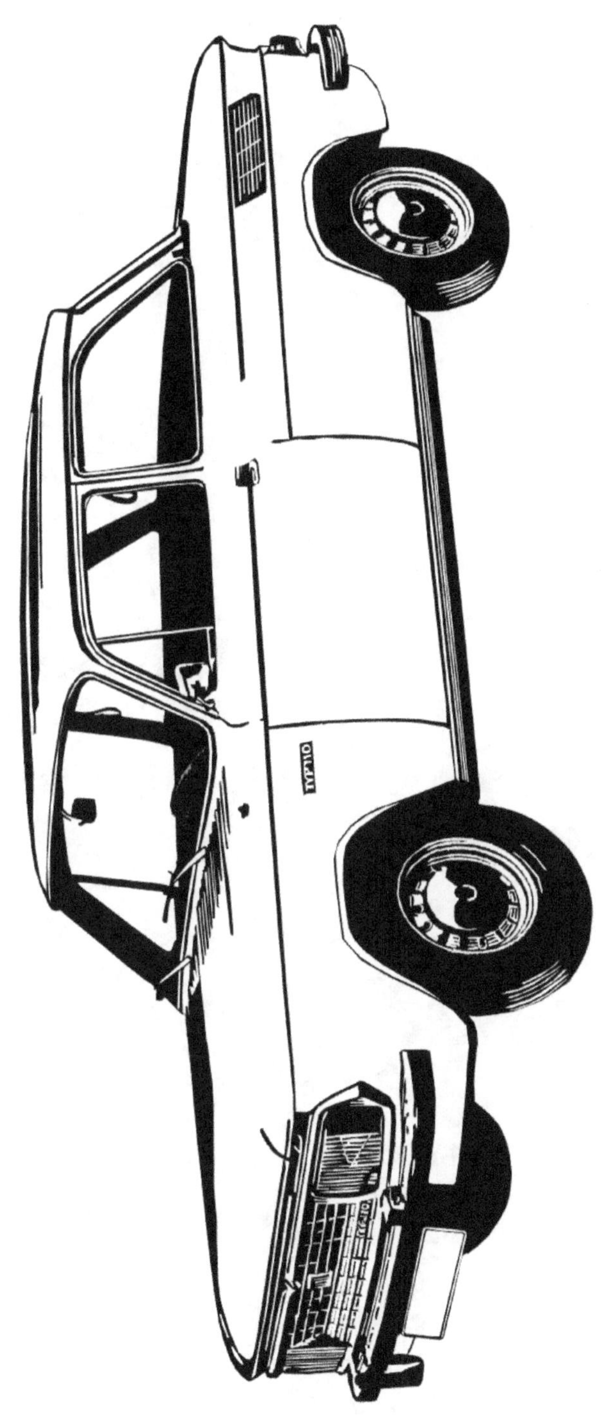
TYP 110

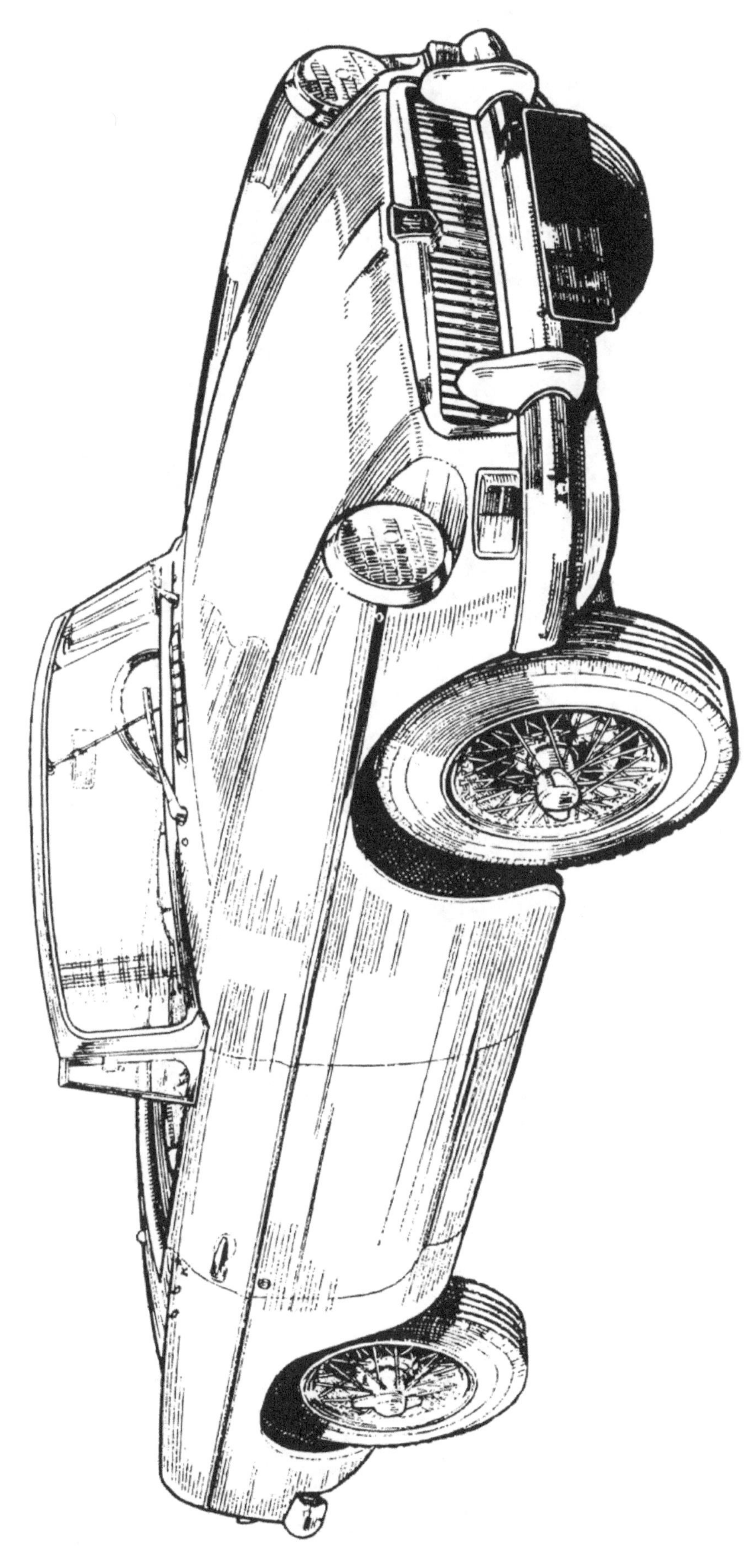

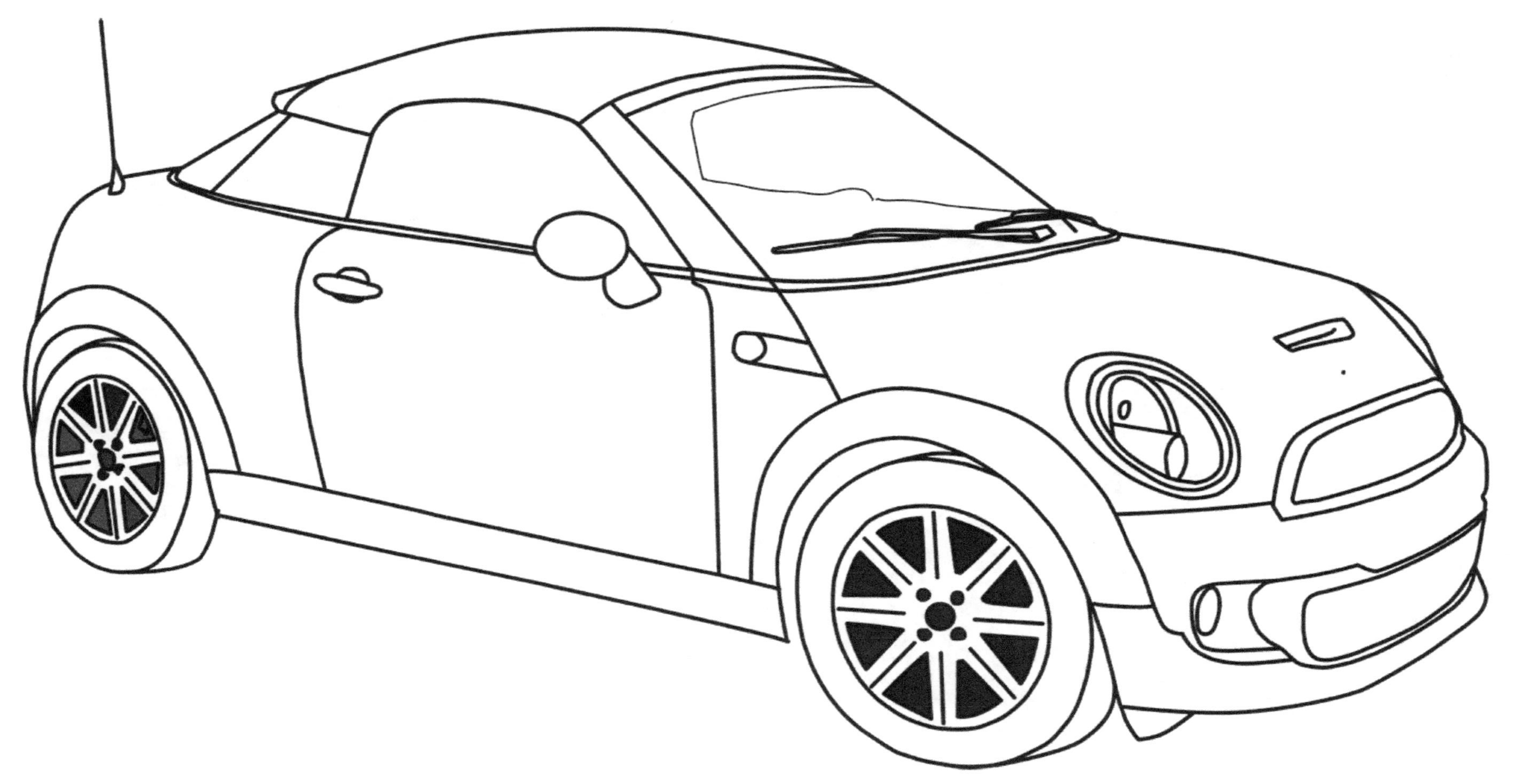

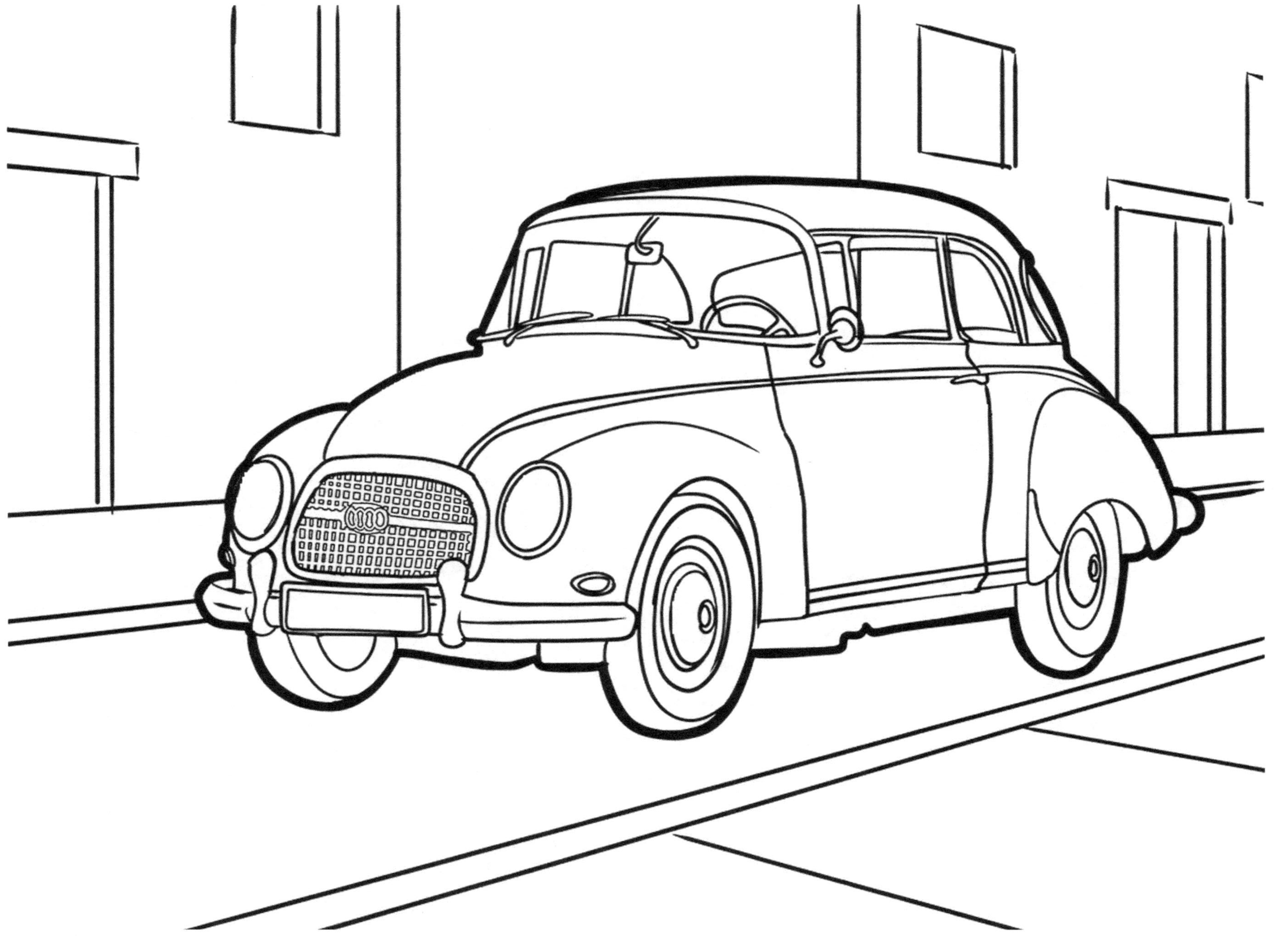

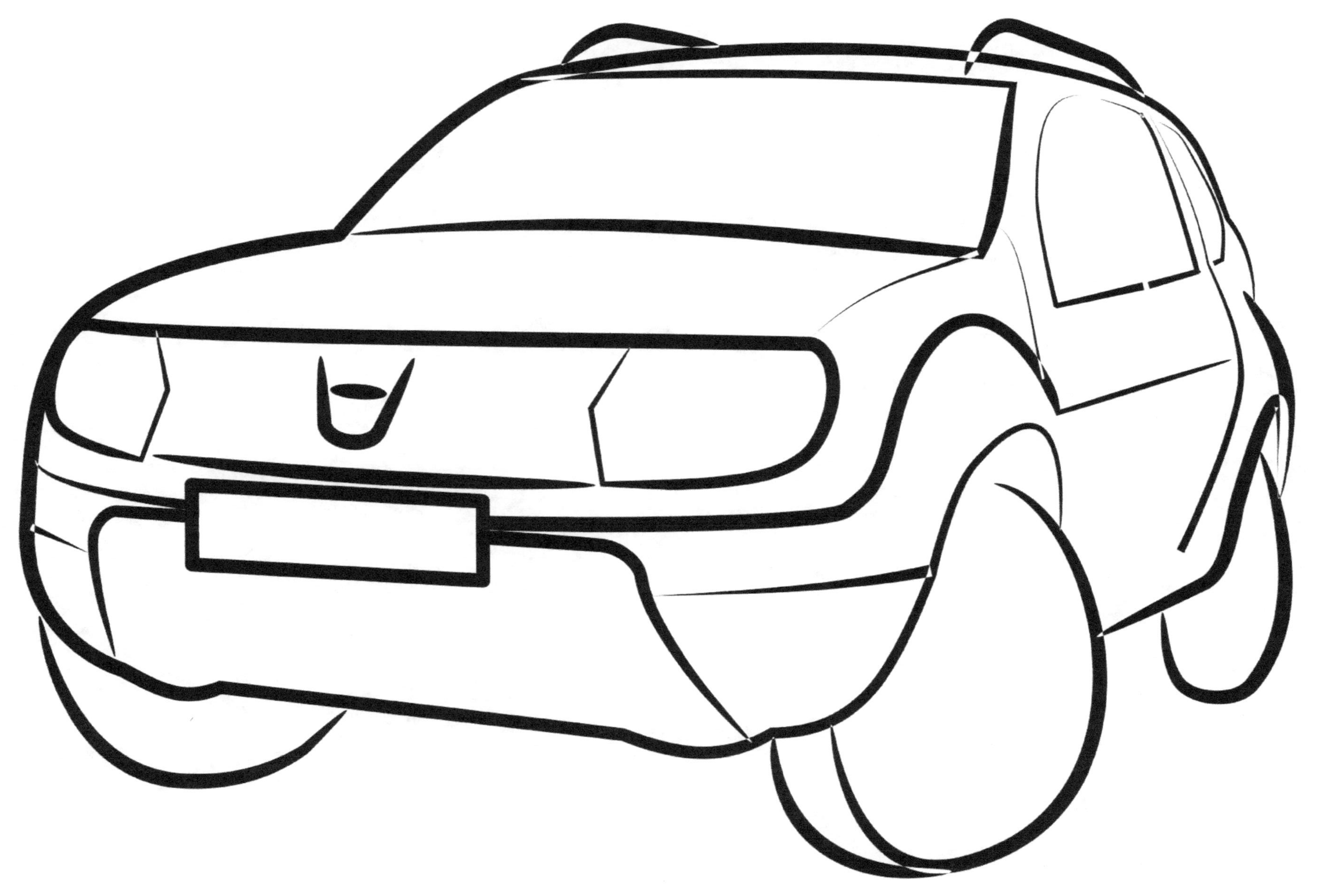

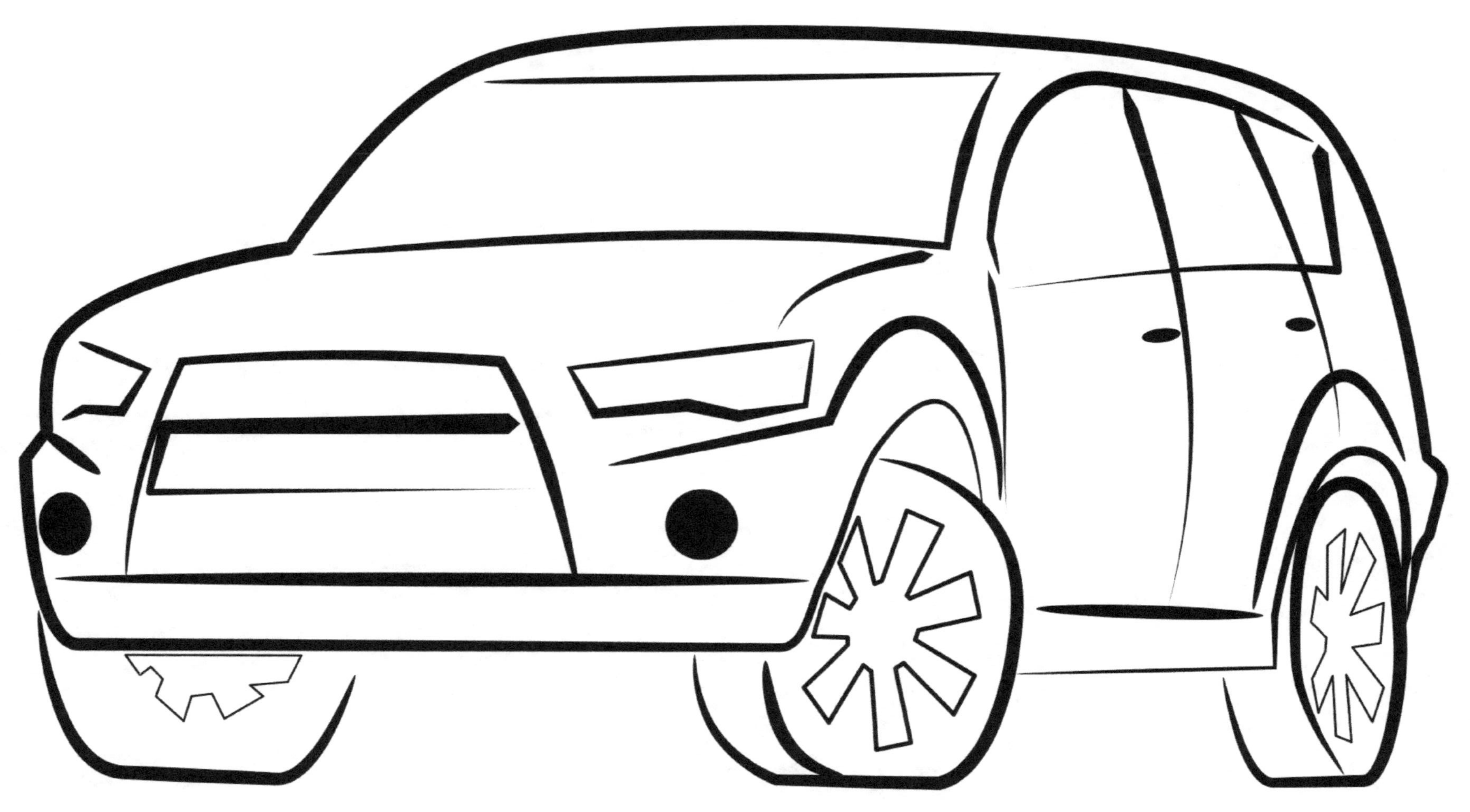

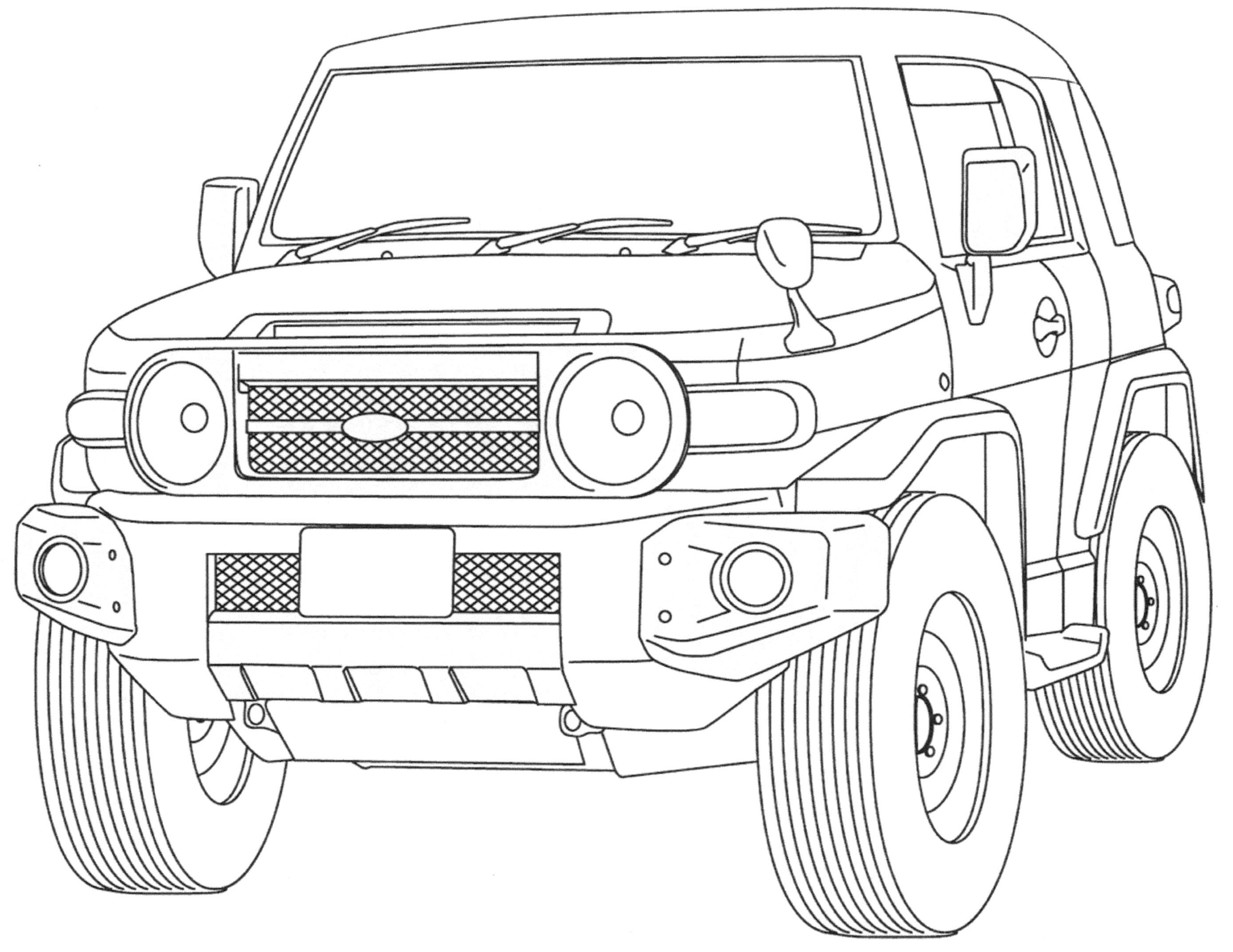

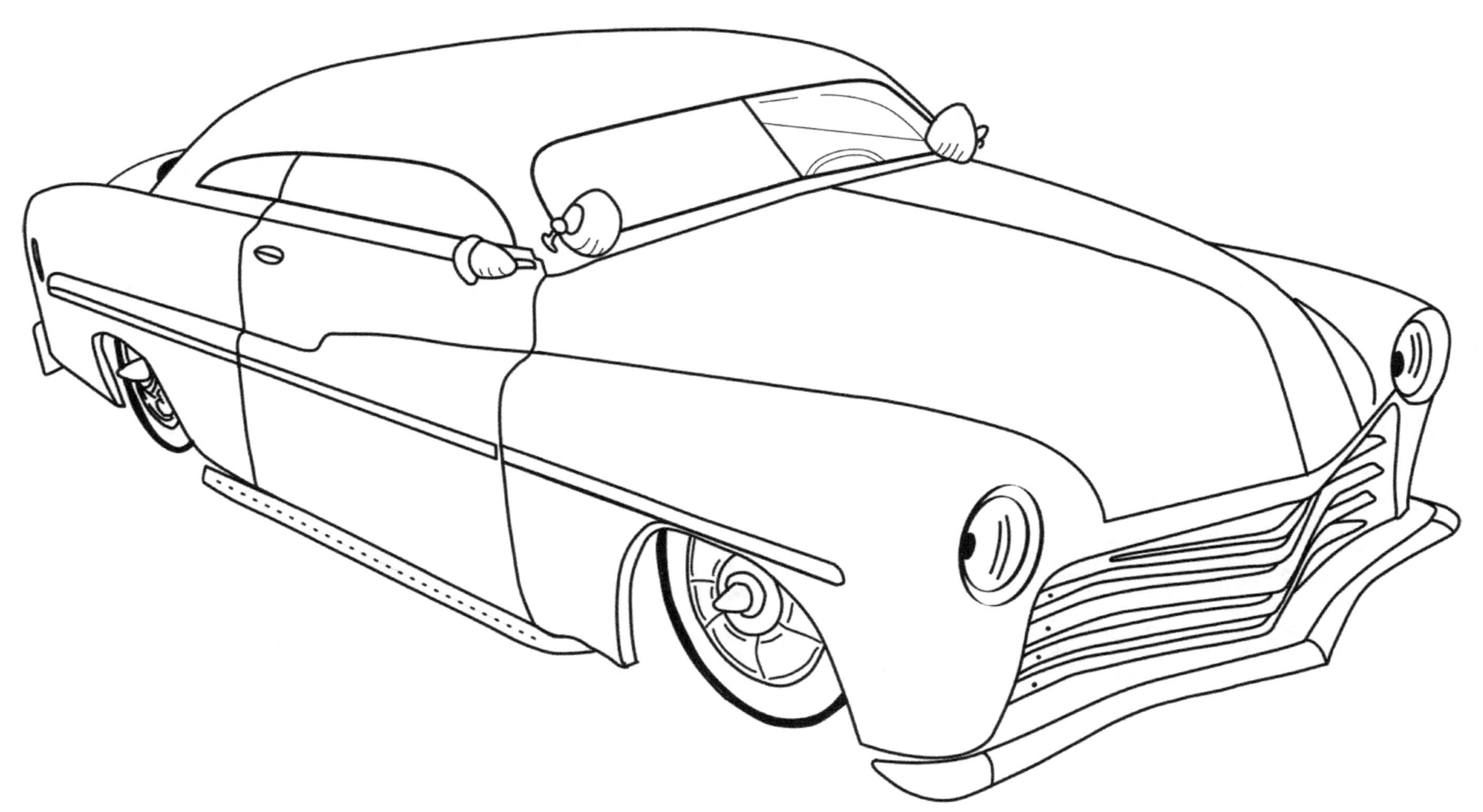

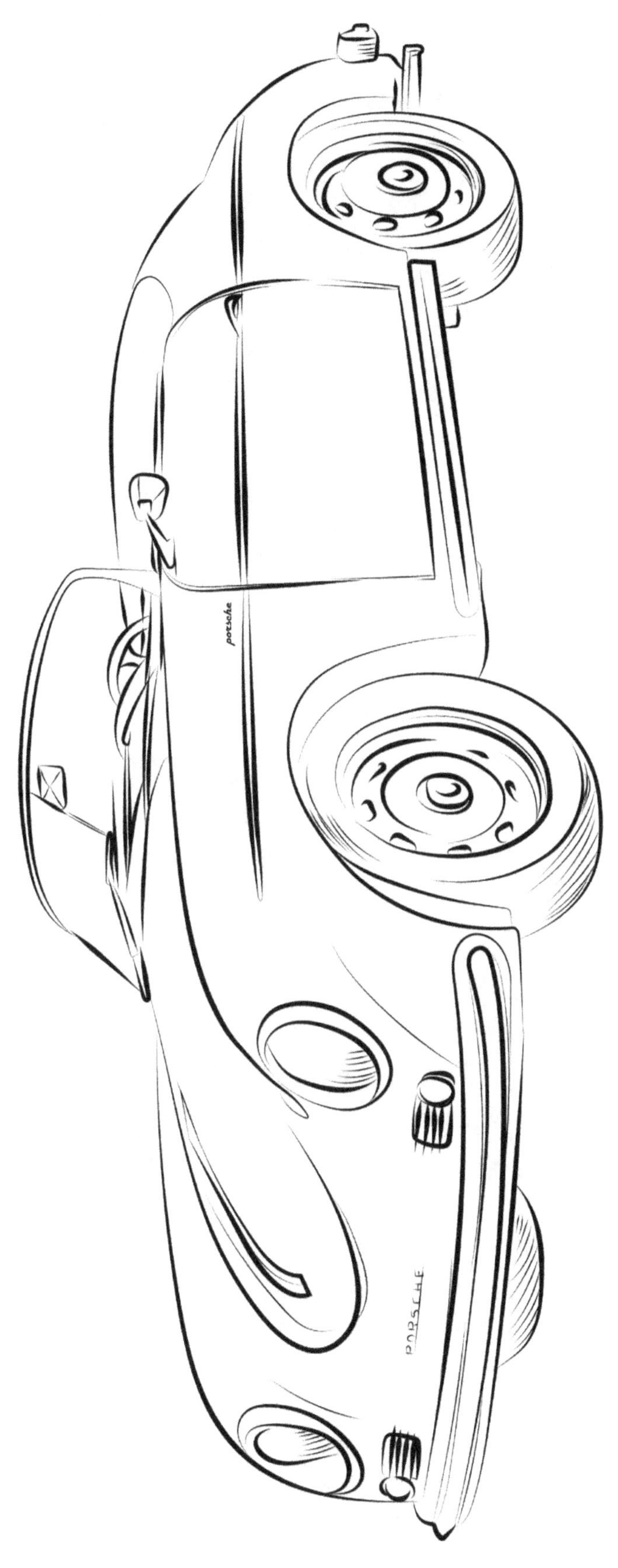

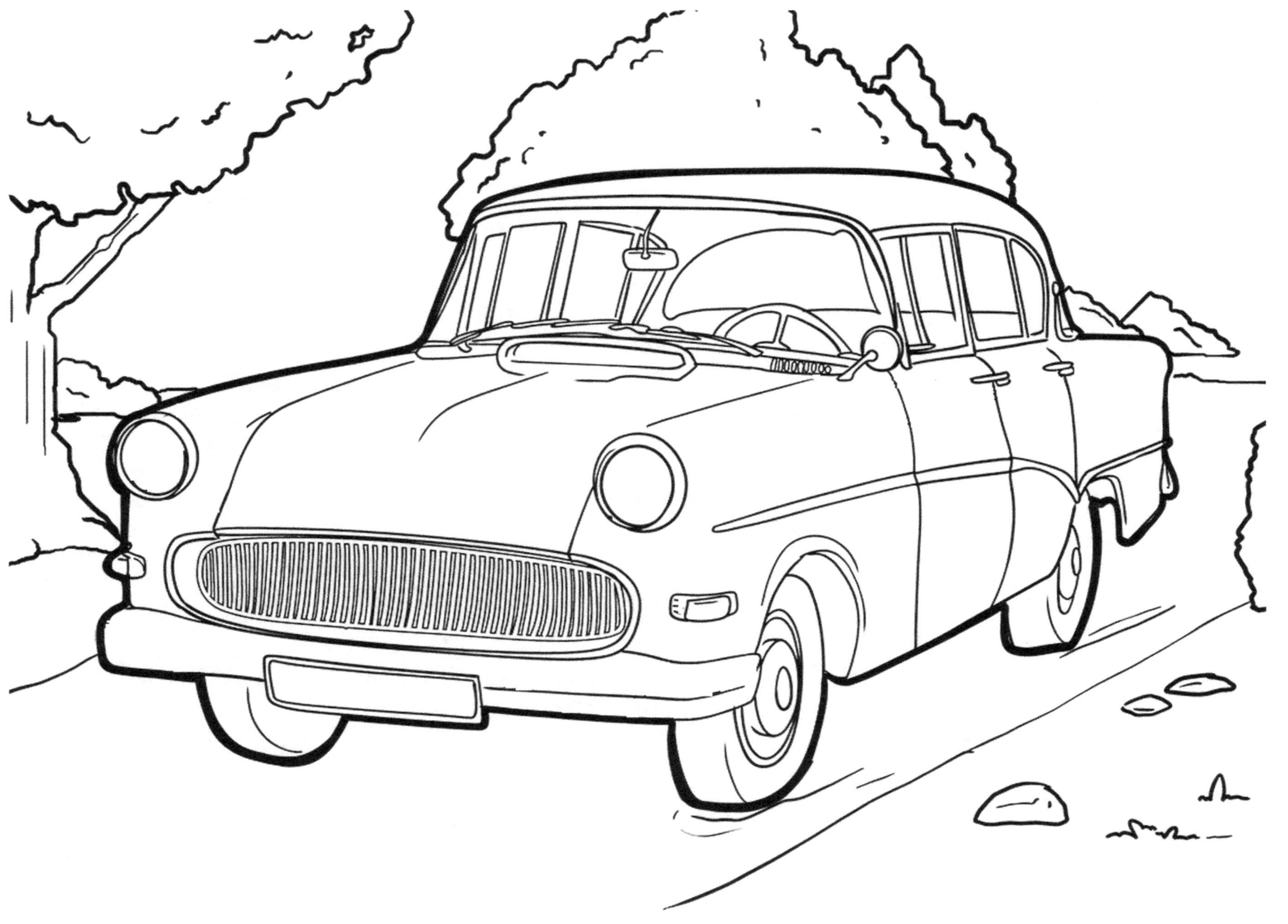

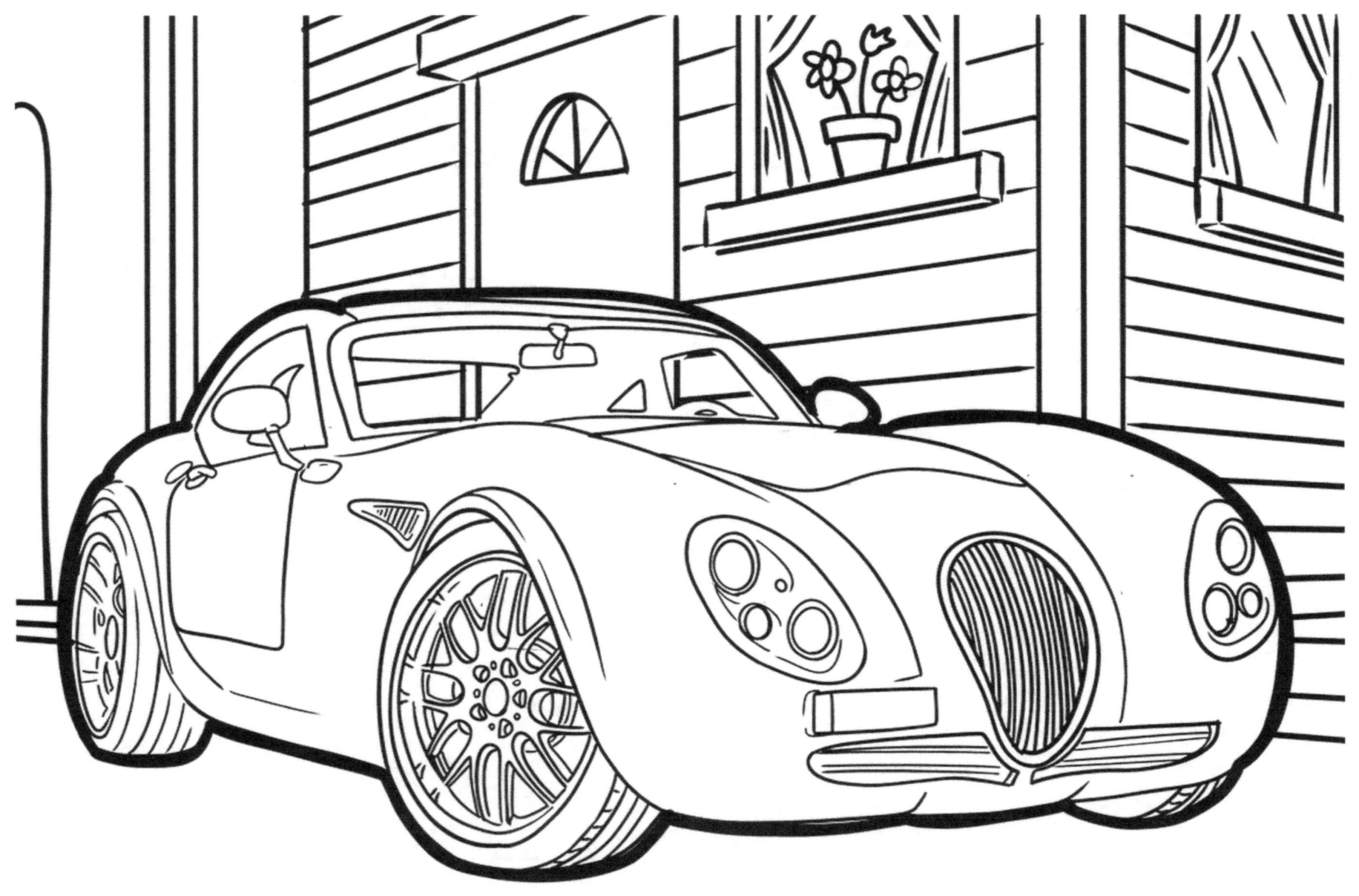

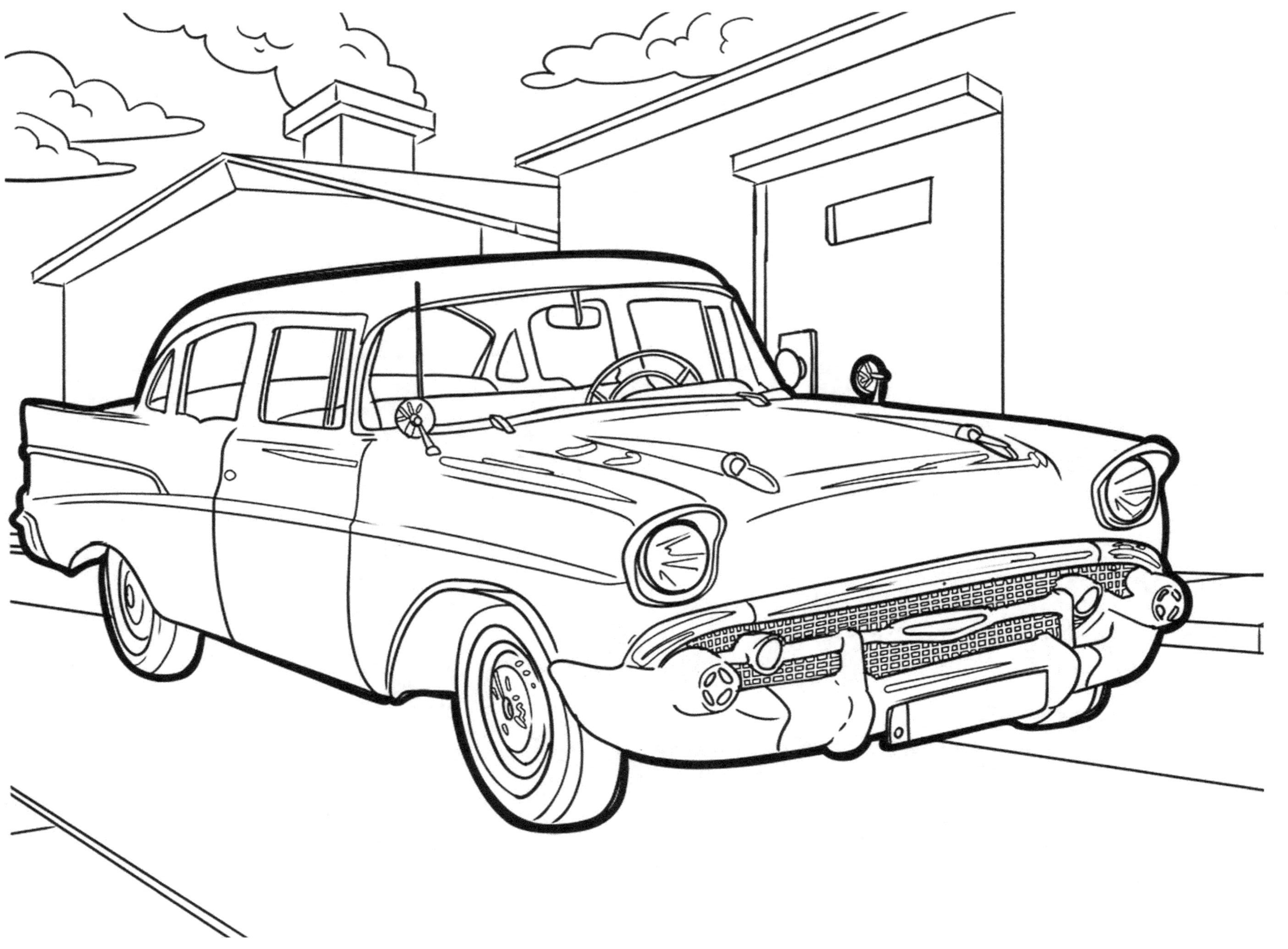

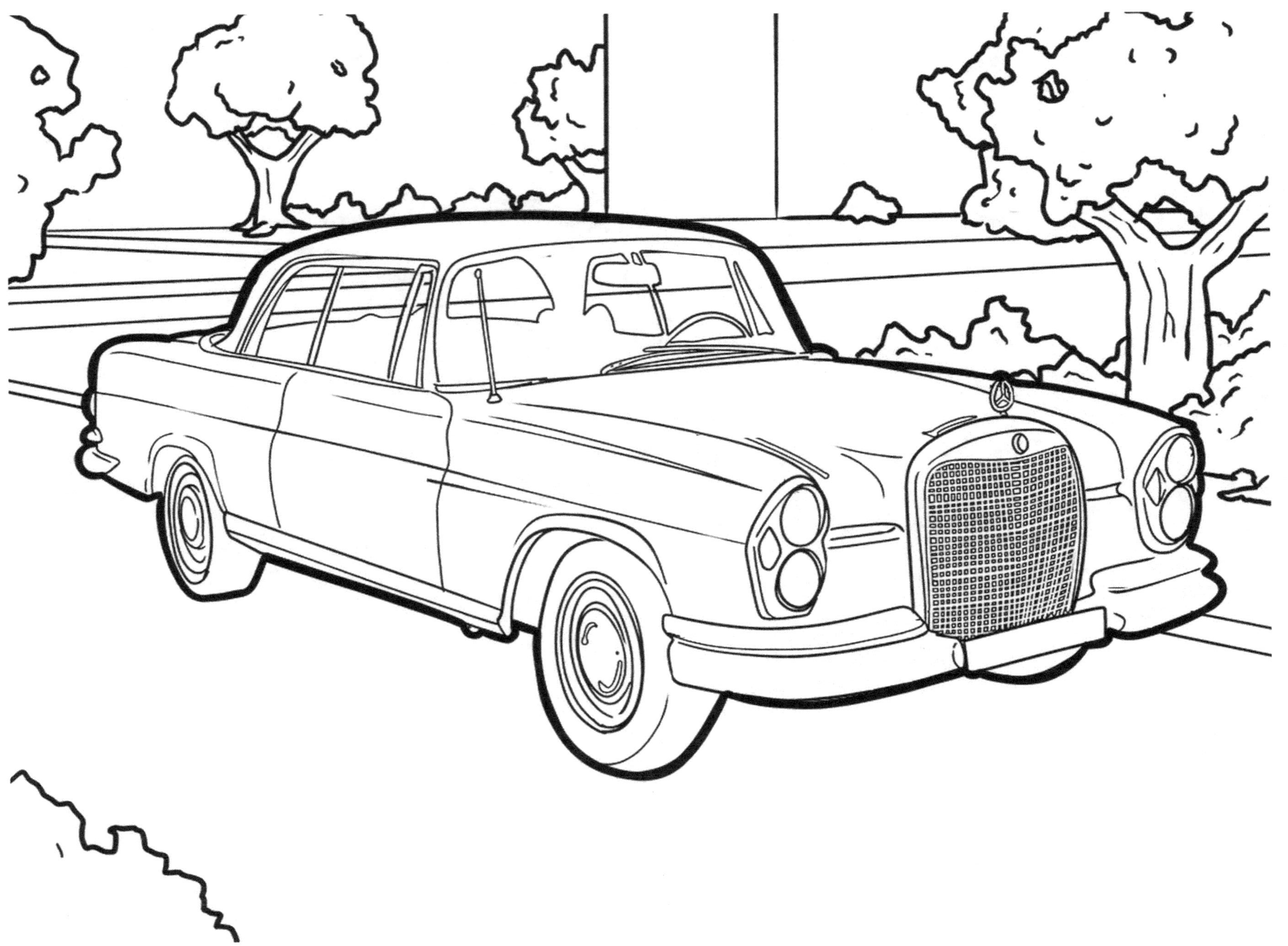

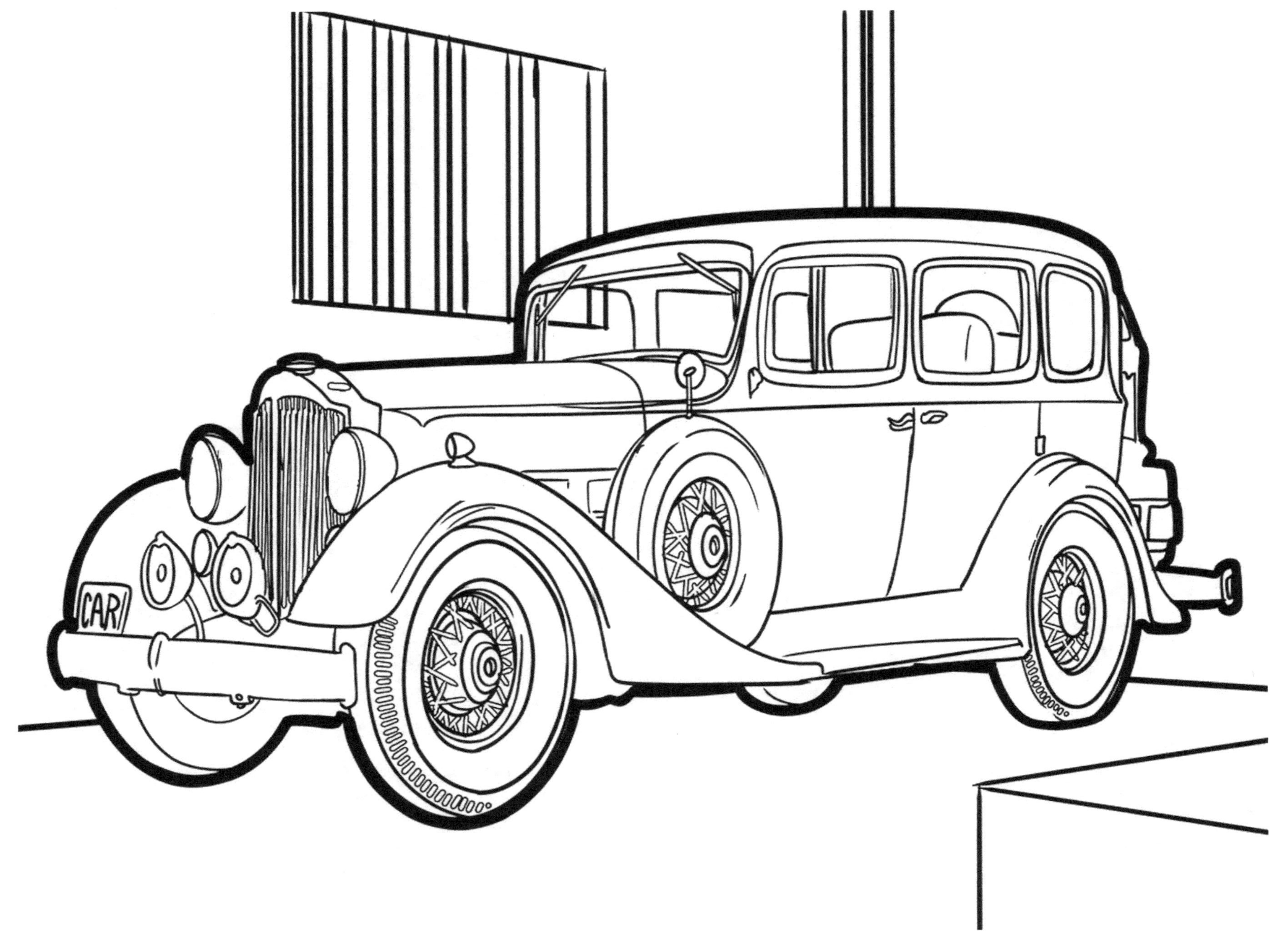

CAR

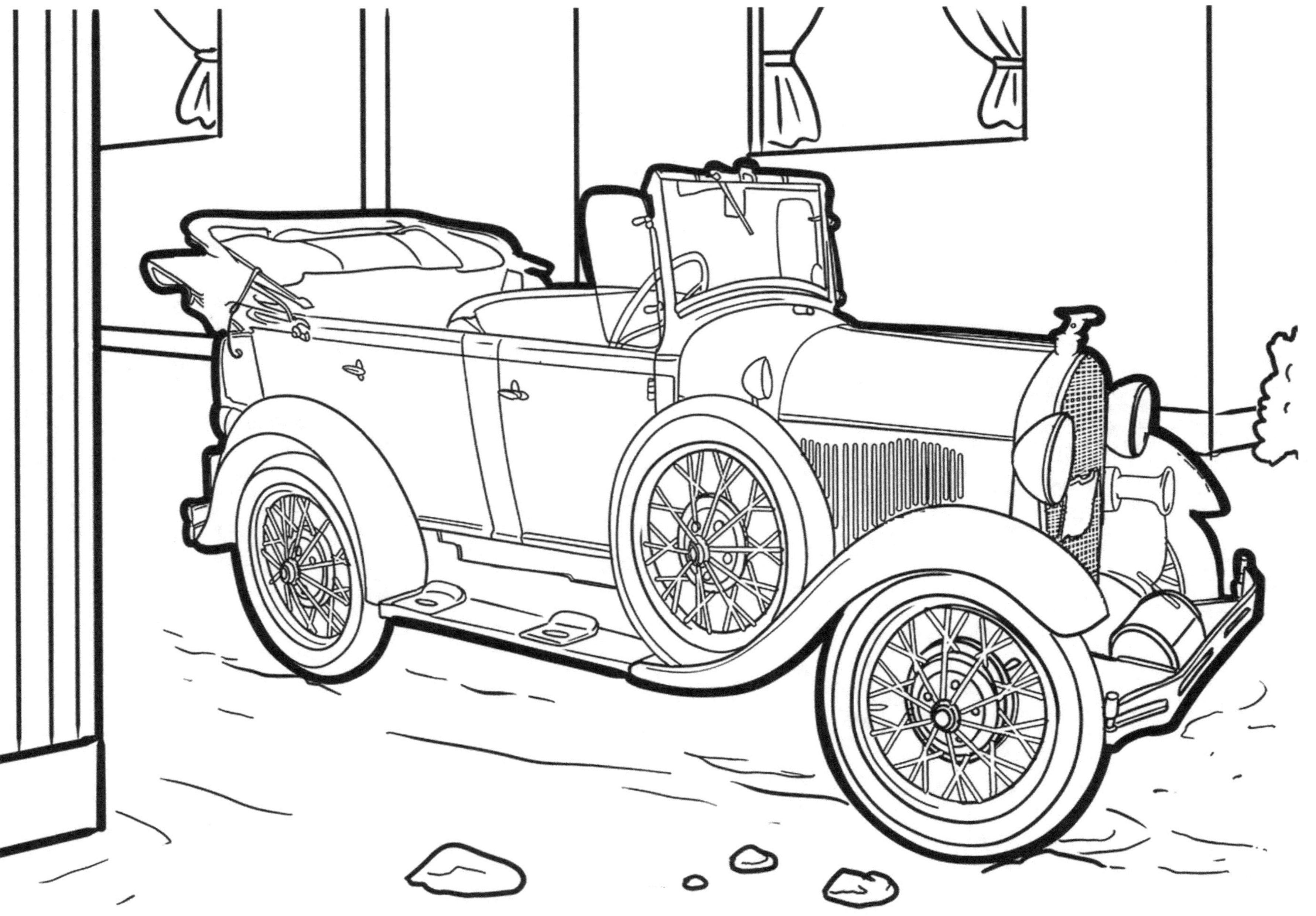

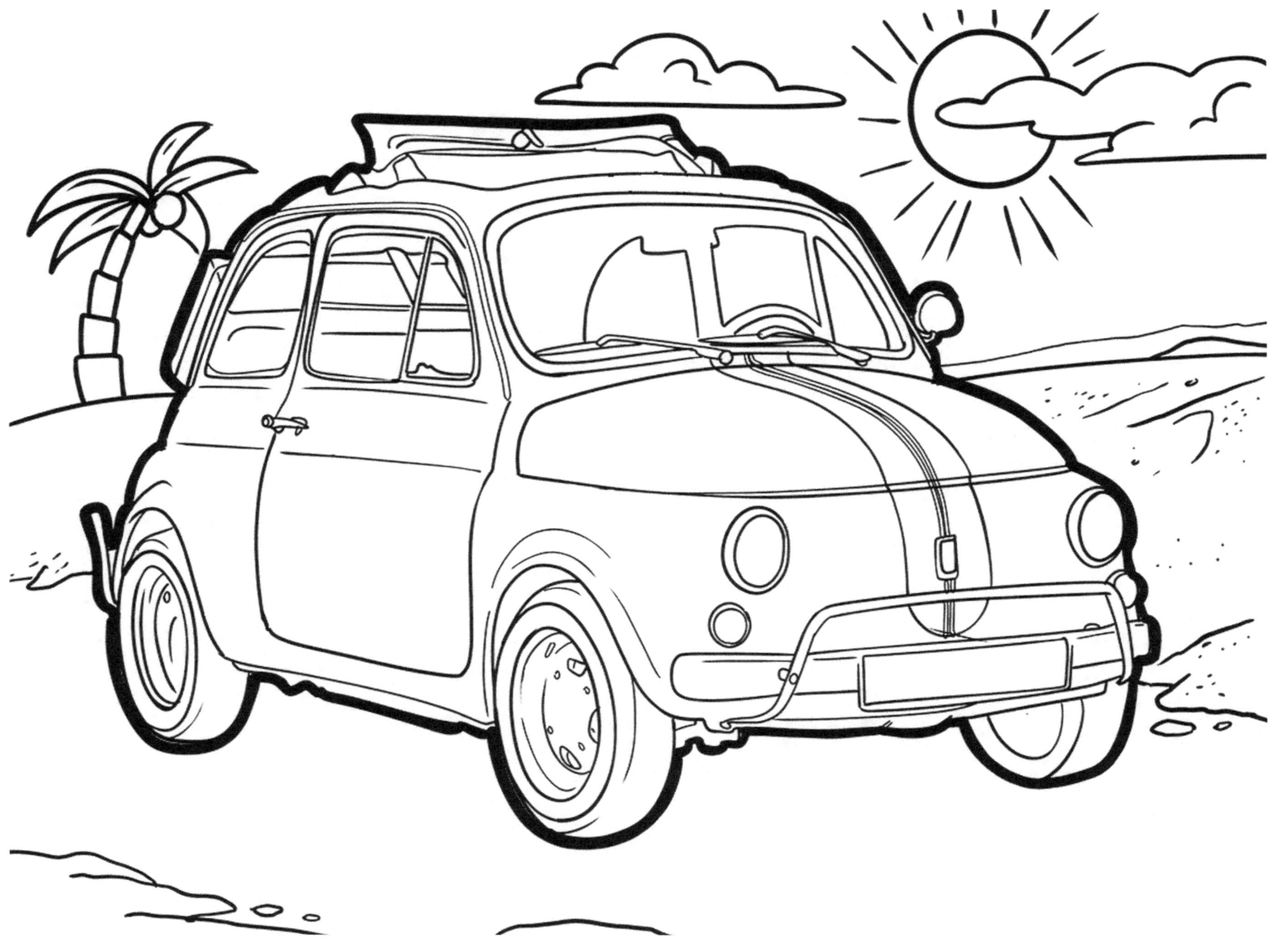

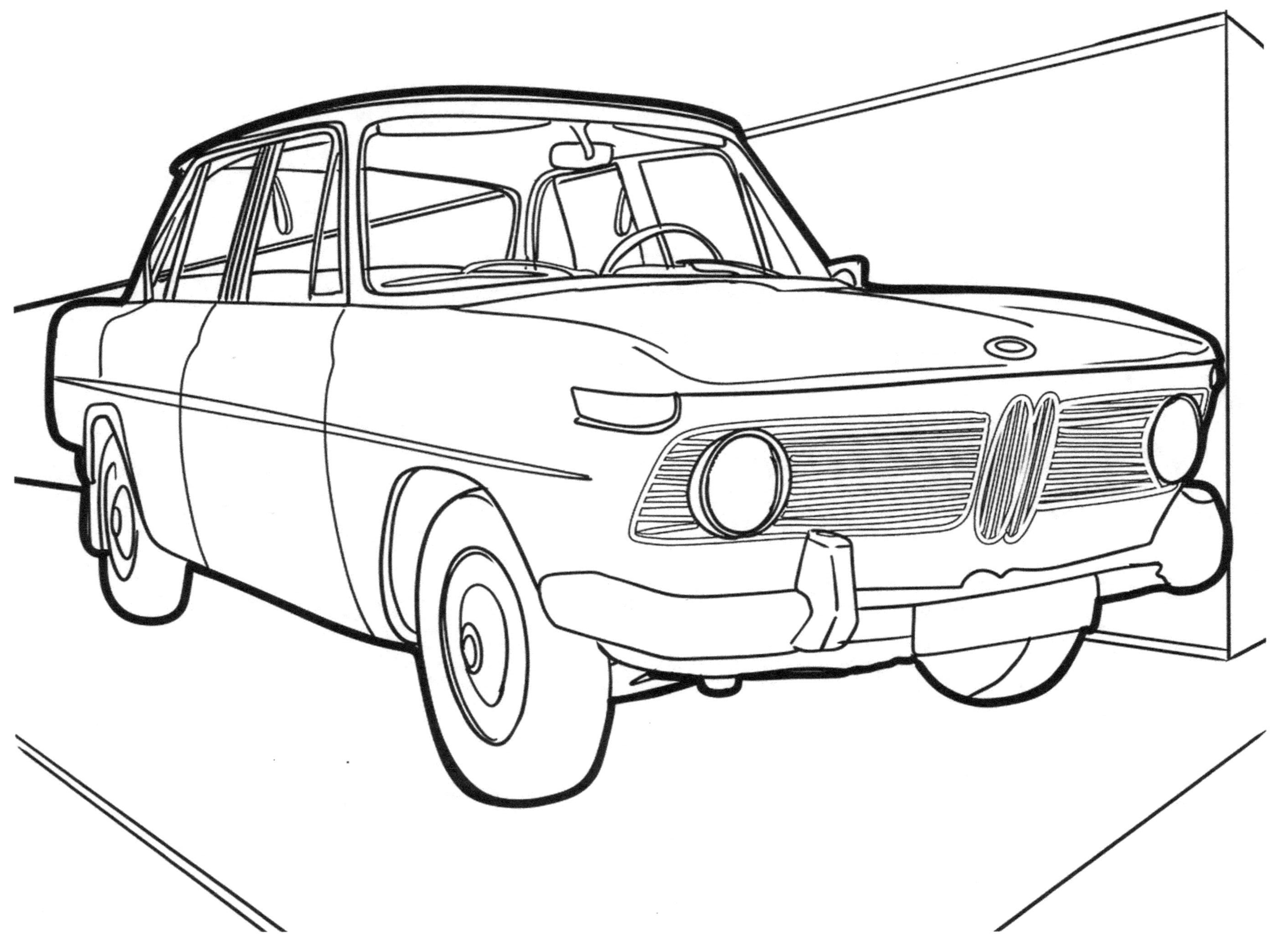

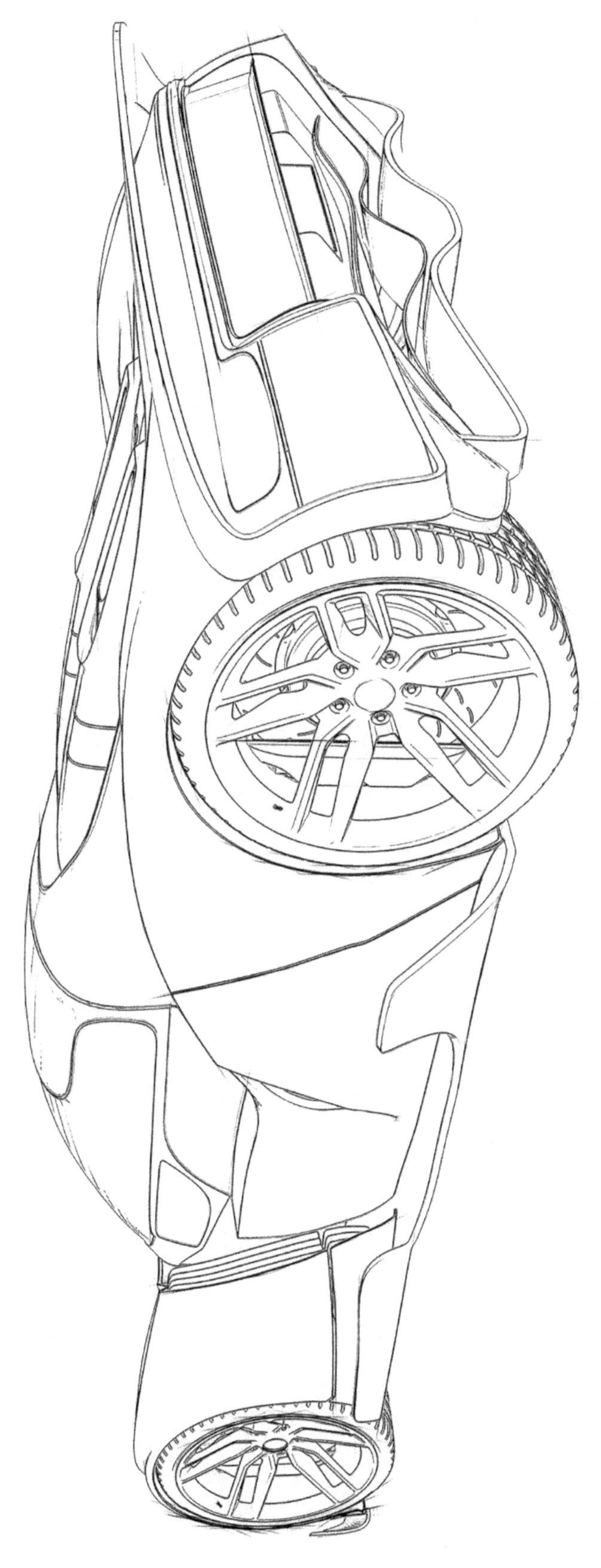

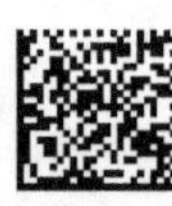